国家自然科学基金地区项目"权力合法性对营销渠道
——基于弱势方合作的视角"（71862010）

基于权力合法性的渠道弱势企业
内生治理机制研究

Researches on the Channel Weaker's Endogenous
Governance Mechanism Based on the Legitimacy of Power

张慧　著

经济管理出版社
ECONOMY & MANAGEMENT PUBLISHING HOUSE

图书在版编目（CIP）数据

基于权力合法性的渠道弱势企业内生治理机制研究/张慧著 . —北京：经济管理出版社，2022.9

ISBN 978-7-5096-8548-8

Ⅰ.①基…　Ⅰ.①张…　Ⅲ.①企业管理—研究　Ⅳ.①F272

中国版本图书馆 CIP 数据核字（2022）第 117042 号

组稿编辑：梁植睿
责任编辑：梁植睿　杜奕彤
责任印制：黄章平
责任校对：张晓燕

出版发行：经济管理出版社
　　　　　（北京市海淀区北蜂窝 8 号中雅大厦 A 座 11 层　100038）
网　　　址：www. E-mp. com. cn
电　　　话：（010）51915602
印　　　刷：唐山玺诚印务有限公司
经　　　销：新华书店
开　　　本：720mm×1000mm/16
印　　　张：13
字　　　数：219 千字
版　　　次：2022 年 9 月第 1 版　　2022 年 9 月第 1 次印刷
书　　　号：ISBN 978-7-5096-8548-8
定　　　价：78.00 元

前　言

先前有关渠道的研究文献和实践观察均发现，营销渠道中权力结构的非对称性会提高强势方滥用权力的可能，导致渠道双方冲突、绩效降低甚至关系破裂。既然如此，作为一种最常见的渠道结构，为何非对称权力结构在渠道实践中还能存在并且长时间地保持稳定和高绩效水平呢？这一问题吸引众多学者关注。与其他研究不同，本书同时以弱势方视角及合作导向为出发点，试图对上述问题进行回答。本书认为，影响非对称权力结构中渠道绩效的关键因素是弱势方对强势方权力合法性的感知，即弱势方会根据强势方权力行使的合法性程度选择是否"认命"甚至"臣服"，进而影响渠道绩效水平。也就是说，权力合法性会增强弱势方对强势方及其行为的理解和信心（心态），提高弱势方的合作意向（行为），最终提升渠道绩效水平。这一过程即是本书研究的重点——基于权力合法性的弱势方内生治理机制，即非对称权力结构渠道关系中的弱势方基于权力合法性这一内部考虑而自我指引和自我约束行为的治理过程。

本书具体的研究内容如下：①在非对称权力结构的营销渠道中，不同的权力合法性是如何影响弱势方合作的层次的？②将合作区分为行为上的合作和心态上的合作，那么不同的权力合法性对弱势方在行为上选择服从还是机会主义行为会有怎样的影响，对弱势方在心态上选择信任还是不信任又有怎样的影响？③弱势方的两种行为（服从与机会主义行为）之间的关系是什么，两种心态（信任与不信任）之间的关系又是什么，它们在基于权力合法性的弱势方内生治理机制中扮演了怎样的角色？

沿着社会交换理论和社会认知理论之主线，本书以实效合法性（Pragmatic Legitimacy）和道德合法性（Moral Legitimacy）为前置变量，以渠道绩效为结果

· 1 ·

变量，分别将服从和机会主义行为、信任和不信任作为中介变量，构建反映权力合法性、弱势方合作以及渠道绩效之间影响机制的理论模型。按照从整体到局部的循序渐进原则，本书具体通过三个子研究来完成上述研究：研究一，以逻辑推导的方法证明权力合法性对弱势方合作的影响路径及机制，旨在从理论上论证基于权力合法性的弱势方内生治理机制的存在性及有效性；研究二，针对弱势方"自我控制行为"的过程，研究服从和机会主义行为在基于权力合法性的弱势方内生治理机制中的中介效应，以及服从与机会主义行为的关系；研究三，针对弱势方"自我调整心态"的过程，研究信任和不信任在基于权力合法性的弱势方内生治理机制中的中介效应，以及信任与不信任的关系。

基于英国心理学家华莱士（Wallace）总结的科学研究过程推理模型，本书综合使用理论研究和实证研究方法展开研究，最终得到以下结论：

（1）实效合法性和道德合法性均能提高弱势方合作水平进而促进渠道绩效，合作行为（服从/机会主义行为）以及合作心态（信任/不信任）在其中的中介效应也被证实，这说明基于权力合法性的弱势方内生治理机制确实存在且有效。另外，实效合法性对机会主义行为的负向影响作用并未得到实证结果支持，这可能是因为单靠基于利益的实效合法性驱动无法抑制弱势方背地里从事欺诈行为的倾向。

（2）实效合法性和道德合法性对弱势方合作行为的影响具有不对称性。首先，实效合法性对弱势方服从行为的正向影响要显著强于道德合法性对弱势方服从行为的正向影响，即弱势方基于利益所得感知的强势方权力行使的实效合法性会比基于被强势方对待的方式感知的强势方权力行使的道德合法性更易促进弱势方的服从。其次，本书开展的研究虽无法拒绝实效合法性对弱势方机会主义行为并不存在（线性）影响效应的原假设，但却能证实道德合法性对弱势方机会主义行为确实有显著的负向影响，这一结果可以从一定程度上反映实效合法性和道德合法性对弱势方机会主义行为的影响之间的不对称性。

（3）实效合法性和道德合法性对弱势方合作心态的影响具有不对称性。实效合法性对弱势方信任的正向影响力度要强于道德合法性对弱势方信任的正向影响力度；而道德合法性对弱势方不信任的正向影响力度则强于实效合法性对弱势方不信任的正向影响力度。

（4）服从和机会主义行为是相互独立的概念，弱势方不同程度的服从与机会主义行为的高低组合导致渠道绩效出现显著差异。这主要体现在：服从和机会主义行为之间存在显著的低度相关关系，且不同的权力合法性对两者影响的大小不同。另外，本书研究证实现实中有高服从和高机会主义行为同时存在的现象，即"阳奉阴违"。与模范"公民"和叛逆分子两种行为类型相比，阳奉阴违者的渠道绩效显著低于模范"公民"（高服从/低机会主义行为）的渠道绩效，同时亦显著高于叛逆分子（低服从/高机会主义行为）下的渠道绩效。

（5）信任和不信任是相互独立的概念，它们之间存在非对称性关系。这主要体现在：弱势方信任和不信任的态度之间存在显著的中度相关关系，且不同权力合法性对两者影响的大小不同。另外，本书研究发现，只有当弱势方对强势方权力行使的实效合法性和道德合法性的评价都很高时，弱势方才会表现出高信任/低不信任的状态；而当弱势方对强势方权力行使的实效合法性和道德合法性的评价有一个较低时，这一负面线索就会遮盖掉其他正面线索，导致弱势方低信任/高不信任的结果。也就是说，信任和不信任之间存在非对称性关系，即相对于建立信任而言，不信任的产生更为容易。

本书的创新之处在于：

（1）综合制度学派和社会心理学派对合法性问题的研究，从弱势方合作导向视角对渠道权力问题进行新的解读，揭示了权力合法性在渠道治理中的重要作用。

（2）提出并证实了不同权力合法性对弱势方服从和机会主义行为的不对称影响，从而为"服从和机会主义行为是两个独立概念"这一论断提供了实证证据，并诠释了基于弱势方合作行为中介效应的弱势方内生治理机制。

（3）对"信任与不信任是两个独立概念但高信任和高不信任却无法共存"这一现象进行解释并证明，丰富了现有的有关信任和不信任的研究。

本书提供了对渠道弱势方心态和行为的深入研究成果，有利于非对称权力结构营销渠道实践工作的开展，因此具有一定的管理启示意义。但不可避免地，本书的研究也存在一些不足，如调查总体仅限于在非对称权力结构渠道关系中处于弱势地位的经销商，未考虑强势方权力策略与弱势方权力合法性感知之间的关系以及弱势方行为与心态之间的关系问题，期待未来的研究能对上述不足进行补充与完善。

目 录

第一章 绪论

第一节 问题的提出

修昔底德（Thucydides）曾说，"强者为所欲为而弱者忍气吞声"①。在非对称权力结构的渠道关系中，强势方常以权力优势掌控话语权，操纵"游戏"规则，并在一些重要决策上占尽优势；而弱势方则相对被动，如沃尔玛（Wal-Mart）的供应商就曾戏言"涨价是找死，不涨价是等死"②，再如多年前流传较广的《一个经销商写给厂家的一封信》③，也吐露了一位居于权力弱势地位的小型经销商在受到供应商欺压后的委屈心声。在我国，汽车、电动车、食品、医药等行业也曾曝出此类问题。④ 这说明，权力结构的不对称性确实会提高强势方滥

---

① 原文是 "The strong do what they can and the weak suffer what they must"，出自：Thucydides. Histroy of the Peloponnesian War［M］. Translated by Rex Warner. London：Penguin Books，1972.

② 参见《质量之争：沃尔玛将供应商逼向无利可图》（每日经济新闻，2008 年 10 月 23 日）；《沃尔玛供应商：生存空间被挤压》（新浪财经，http：//finance. sina. com. cn/chanjing/b/20080517/01124879598. shtml，2008 年 5 月 17 日）。

③ 参见熊雁飞的《一个经销商写给厂家的一封信》（品牌网，https：//www. globrand. com/2007/70012. shtml，2007 年 4 月 17 日）。

④ 参见报道《利薄、压库，经销商有苦难言》（《中国消费者报》，2015 年 8 月 27 日）、《渠道 PK 品牌：南京医药叫板西安杨森》（新浪财经，http：//finance. sina. com. cn/leadership/mqdgl/20070719/17353801918. shtml，2007 年 7 月 19 日）、《五粮液京东联姻：经销商成弱势群体 冲击垂直电商》（搜狐网，https：//business. sohu. com/20140606/n400498815. shtml，2014 年 6 月 6 日）、《经销商这次是真的熬不住了》（《销售与市场（管理版）》，2016 年第 8 期）。

用权力的可能，导致渠道双方发生冲突、绩效降低甚至关系破裂（Brown et al.，1983；Anderson and Weitz，1989；Frazier et al.，1989；Ganesan，1994；Palmatier et al.，2007）。既然非对称权力结构有可能导致上述现象，那么作为一种较常见的渠道结构（Dwyer and Walker，1981；Subramani and Venkatraman，2003），它为何在现实中还能存在并且长时间地保持稳定和高绩效水平呢？

Frazier 和 Fody（1991）认为，考虑到滥用权力的成本，强势方会自我约束和控制权力的行使，也就是说，会减少"为所欲为"的可能，这是从强势方视角对上述问题给予的解释；而本书则是基于弱势方视角，认为弱势方会根据权力合法性（The Legitimacy of Power）程度而选择是否要"忍气吞声"，这是对上述问题的另一种可能的回答。

权力合法性指的是弱势方对于强势方的权力行使是否是"必要、合适和恰当"的感知（Suchman，1995；Blois，2010），它与"合法权"（French and Raven，1959）不同，更与法律无关。合法权是一种能力，它与强制权、奖赏权、专长权和感召权并列，特指强势方所拥有的一种源于法律（法律上的合法权）和规范或者价值（传统的合法权）的影响和控制能力（科兰等，2008）；而权力合法性是弱势方的一种感知，是对强势方的权力行使（包括上述五种权力）是否必要、正当和恰当的感知。

本书认为，在非对称权力结构的渠道关系中，权力合法性是影响弱势方选择"认命"甚至"臣服"的关键，进而会影响渠道绩效水平。Mulder（1977）曾提到，只有在双方之间权力优势的差距较小的情况下，弱势方才有动力去抗争；Bucklin（1973）和 Hingley（2005）也认为，弱势方会在一定程度上容忍强势方对自己的控制。在这其中决定弱势方容忍和不抗争的关键，则是弱势方对强势方行使的权力是否具备合法性的感知。权力合法性会促进弱势方进行心态和行为的自我调整，即使是在严重非对称的权力关系中，其也能使弱势方自愿接受强势方的影响，并将强势方的命令与要求内化为自身需要遵守的规则（Lusch and Brown，1982），从而增加对权力的容忍程度，减少反抗意愿，最终促进合作绩效的提高。

这就是本书的研究重点——基于权力合法性的弱势方内生治理机制。内生治理机制这一概念是在 Dyer 和 Singh（1998）的分类基础上发展起来的，指的是某个体基于内部的考虑（如价值观、信任、声誉、权力合法性等）而自我指引和自我约束行为的治理过程，与此相对应的是依靠外在控制力量（如合同、制裁、奖赏、规则、专用性资产抵押等）来推动治理过程的外生治理机制。显然，与依靠外部力量来推动治理过程的外生治理机制相比，注重自我指引与自我约束的内生治理机制的成本更低，且更有效率（Frazier and Rody，1991；Poppo and Zenger，2002；Hill，1990；Uzzi，1997）。

在"非对称权力结构为何能保持稳定和高绩效水平"这一问题上，与强调强势方视角的研究（Frazier and Rody，1991；Kumar，2005）相比，基于权力合法性的弱势方内生治理机制是另一种更重要且更直接的解释，理由是：首先，弱势方的反应是判断强势方权力的多寡以及权力行使是否成功的重要因素。从概念上讲，权力是指一方对另一方营销决策可以施加影响和控制的能力（El-Ansary and Stern，1972）；这意味着，某方权力的多寡以及权力行使的成功与否，取决于弱势方是否接受了该权力的影响和控制，如果没有弱势方的服从与支持，权力就没有办法被真正地实施，甚至说并不存在（Bucklin，1973）。在历史上，唐太宗李世民曾言："可爱非君，可畏非民。天子者有道，则人推而为主；无道，则人弃而不用，诚可畏也。"① 这句话深刻地体现出了弱势方（民）对于强势方（君）及其权力的重要意义。其次，弱势方的反应是渠道状态及其绩效水平的重要影响因素。我国古语有云，"水能载舟，亦能覆舟"②，外国学者布劳也认为，"权力不平衡对于社会变化的意义取决于被统治者对权力行使的反应"③，这些都反映出被统治方对权力的接受与认可对统治关系长期存在的重要意义。因此，本书认为，从弱势方视角出发去研究非对称权力结构中的渠道治理问题，不但是重要的，而且是必要的。

当然，对非对称权力结构中弱势方治理机制的研究并非本书首创，之前已有部分学者对此问题进行了探讨，包括研究弱势方如何构建防御机制以保护自己的关系专用投资不受强势方机会主义行为的侵害（Subramani and Venkatraman，2003），以及研究如何增强弱势方的对抗性权力以重新获取权力平衡（Etgar，1976a；Heide and John，1988）。但这些研究秉承的是竞争导向，即将弱势方摆在强势方的对立面上，关注如何去抵御或反抗强势方的权力控制。但正如前文所

---

① 参见吴兢所著的《贞观政要·政体》。
② 语出《荀子·哀公》，原文是："君者，舟也；庶人者，水也。水则载舟，水则覆舟。"
③ 参见：布劳. 社会生活中的交换与权力 [M]. 李国武，译. 北京：商务印书馆，2013：29.

言，不是所有有压迫的地方都会有反抗，弱势方更有可能会选择"臣服"于一座"靠山"（Zhuang and Zhou，2004），以达到其"大树底下好乘凉"的目的。另外，上述以对方为敌的假定容易造成渠道冲突，降低渠道绩效水平。因此，本书以合作导向为切入点，关注权力合法性如何增强弱势方对强势方及其行为的理解和信心（心态），提高弱势方的合作意向（行为）（Suchman，1995），并最终促进渠道绩效水平的提升，即基于权力合法性的弱势方内生治理机制。

基于 Suchman（1995）、Tyler（1997）和 Tost（2011）的观点，本书进一步将权力合法性分为两类：实效合法性和道德合法性。其中，前者是基于利益的合法性考量，而后者则是弱势方基于自身被对待的方式所做出的合法性评估。在此定义基础上，本书将对以下问题进行探讨：①在非对称权力结构的营销渠道结构中，不同的权力合法性是如何影响弱势方合作的层次的？②将合作区分为行为上的合作和心态上的合作，那么不同的权力合法性对弱势方在行为上选择服从还是机会主义行为会有怎样的影响，对弱势方在心态上选择信任还是不信任又有怎样的影响？③弱势方的两种行为（服从与机会主义行为）之间的关系是什么，两种心态（信任与不信任）之间的关系又是什么，它们在基于权力合法性的弱势方内生治理机制中扮演了怎样的角色？

第二节　研究意义

一、理论意义

本书致力于分析非对称权力结构的营销渠道中权力合法性对渠道绩效的影响，着重探索弱势方行为和心态在其中所起的中介效应。本书可能的理论贡献如下：

第一，基于 Blois（2010）的研究，拟首次使用实证方法检验非对称权力结构渠道关系中权力合法性对渠道绩效的影响，其预期结果既丰富了现有的合法性研究成果，也强化了合法性理论在渠道治理领域的解释力。

制度学派和社会心理学派对合法性问题都有涉猎，其研究同气连枝，共同源于 Weber（1922）对社会秩序的分析，只是分析对象及层面有所区别。2010 年，基于 Suchman（1995）的研究，Blois 提出权力合法性这一概念，从观察者而非合法性构建主体的视角切入，认为弱势方的权力合法性感知会对渠道关系造成影响。2011 年，Tost 将以上两个理论学派的观点整合在一起，提出了一个适用于个体层面合法性分析的综合性框架。本书站在前人的肩膀上，借鉴 Tost（2011）的研究框架和 Blois（2010）对权力合法性的定义，拟使用实证方法检验权力合法性对弱势方行为及心态乃至渠道绩效的影响，预期结果既是对现有合法性研究中两个理论派别观点的整合，也是对合法性研究中"观察者"视角这一分支的扩充；另外，在一定程度上也弥补了目前合法性研究缺少实证研究这一不足，强化了合法性理论在渠道治理领域的解释力。

第二，基于权力合法性这一概念，拟从新的角度解释"非对称权力结构为何能保持稳定和高绩效水平"这一问题，从而帮助调和了现有研究结论之间的矛盾，提升了权力结构对渠道实践的解释力度。

目前，学界对于非对称权力结构与渠道结果之间的关系存在着两派相矛盾的看法：有学者认为相对于对称的渠道权力结构而言，非对称的渠道权力结构更容易诱发冲突，因此更不稳定（Stern and Reve，1980；Anderson and Weitz，1989；Frazier et al.，1989；Johnsen and Ford，2002），但也有学者持相反的观点（Hingley，2005；Gilliland et al.，2010；Iyer and Villas-Boas，2003）。这样的矛盾令人困惑，也降低了理论对实践的指导意义。对于此，Frazier 和 Rody（1991）从强势方视角出发，认为解开上述矛盾的关键在于强势方是否会自我约束和控制权力的行使。具体来说，虽说权力不对称确实会提高强势方权力滥用的可能，并导致渠道双方冲突、绩效降低甚至合作关系破裂，但只要强势方能够收敛其滥用权力的行为，非对称的权力结构就可以保持稳定并实现高绩效的渠道结果。与此相对应，本书选择弱势方视角，认为即使是在高度非对称的权力结构中，强势方选择了强制性权力，只要弱势方认为强势方对权力的行使是必要、合适和恰当的，其就会调整自身的心态和行为，使在非对称的权力结构下也会有渠道稳定和高绩效的可能。基于此，本书在 Frazier 和 Rody（1991）的解释之外，拟从新的角度回答"非对称权力结构为何能保持稳定和高绩效水平"这一问题，从而调和了现有研究结论之间的矛盾，提升了权力结构对渠道实践的解释力度。

第三，重新对治理机制进行分类，同时从弱势方视角和合作导向切入，探究了基于权力合法性的弱势方内生治理机制问题，显著地拓宽了对弱势方治理机制的理解。

Dyer 和 Singh（1998）将组织间关系的治理机制分为两大类别：一种是借助于由（联盟外的）第三方执行的协议（如法律合同）而实现的治理过程；另一种则不需要第三方参与，是基于联盟内成员自我执行协议（Self-enforcing Agreements）而实现的治理过程①。进一步地，他们又将后一种治理机制分为两类，即"正式的"防御治理机制（如财务或投资抵押）以及"非正式的"防御治理机制（如嵌入、善意以及名誉）。本书基于 Dyer 和 Singh（1998）的分类框架，将借助于由第三方执行的协议而实现的治理机制以及"正式的"防御治理机制归为一类，称为外生治理机制；而将"非正式的"防御治理机制称为内生治理机制。两者的区别在于：内生治理机制指的是某个体基于内部的考虑（如价值观、信任、声誉、权力合法性等）而自我指引和自我约束行为的治理过程；而外生治理机制则更注重依靠外在控制力量（如合同、制裁、奖赏、规则、专用性资产抵押等）来推动治理过程。

另外，现有的治理研究几乎都以强势方为切入视角，对以弱势方主体的治理模式的讨论较少。而为数不多的有关弱势方治理机制的研究又主要关注弱势方如何去抵御或反抗强势方的权力控制，这体现出将弱势方置于与强势方对立立场的竞争导向。但本书认为，防御治理机制的建立是必要的但不应该是全部；弱势方想通过某些投资策略来改变弱势地位、重新获取权力平衡的做法听起来很美好，但事实上很少有弱势方拥有足够的资源来采取这样的策略；从这样以强势方为敌的假定出发很难真正讨论双方合作的可能及意义。因此，本书以弱势方合作导向为圭臬，探究了基于权力合法性的弱势方内生治理机制问题，这不仅为现有的渠道治理研究提供了一种新的治理机制分类方式，也显著地拓宽了对弱势方治理机制的理解。

第四，将服从/机会主义行为以及信任/不信任这两对相互独立、意义相背的变量引入研究框架，同时从弱势方行为和心态两个角度，解析了权力合法性对弱

---

① 基于联盟内成员自我执行协议的治理机制指的是只要关系中的每一方都认为对于自己来说保持关系比终止关系更有利，那么这种自我执行协议就可以确保双方的关系正常持续下去，这一观点由 Telser（1980）提出，并被命名为自我执行协议理论。Telser 认为这一理论可以有效解决买方与卖方关系中的囚徒困境问题。

势方合作选择乃至渠道绩效的影响过程，这有助于从整体上认识和理解弱势方不同层次的合作。

Suchman（1995）曾提到，"（某组织的）合法性不仅影响了人们如何去对待该组织，也影响了人们如何去看待和理解它们"①。由此本书认为，权力合法性是通过影响弱势方行为以及心态进而影响渠道绩效的，此即基于权力合法性的弱势方内生治理机制。本书基于 Gilliand 和 Manning（2002）以及 Kashyap 等（2012）的研究，使用服从和机会主义行为这两个相互独立、意义相背的变量描述弱势方行为；基于 Lewicki 等（1998）、Kramer（1999）的研究，使用信任和不信任这两个相互独立、意义相背的变量描述弱势方心态。本书通过三个子研究，从行为和心态两个角度，整体去描述非对称权力结构渠道关系中弱势方的合作选择以及弱势方的行为和心态对基于权力合法性的弱势方内生治理机制的中介效应。因此，本书不仅在广度上有助于更全面立体地勾勒弱势方不同层次的合作，在深度上也有助于加深学者对服从/机会主义行为以及信任/不信任这两对相互独立、意义相背的变量的认识。

二、实践意义

作为一种较常见的渠道结构（Dwyer and Walker，1981；Subramani and Ven-katraman，2003），非对称权力结构渠道关系中的强势方和弱势方之间的关系以及渠道绩效问题引发诸多关注。另外，在强势方与弱势方之间的关系中，虽然强势方的权力更强，但弱势方在数量上却更占优势。因此，本书选择弱势方视角，探讨非对称权力结构渠道关系中弱势方的内生治理机制问题，其实践意义如下：

第一，通过揭示权力合法性对渠道绩效的正向影响作用，可警示强势方慎用权力，并采取某些策略以提升弱势方对其权力行使合法性的感知，从而更好地促进双方关系的健康发展。

尽管资源优势给予了强势方以权力，使其能够挟"权力"而令"诸侯"，但权力的行使是否具有合法性是经由弱势方判断与感知的结果。本书通过揭示权力合法性对渠道绩效的正向影响作用，可警示强势方在拥有权力的同时也要考虑弱势方对其权力行使合法性的感知，从而明确权力行使的底线，降低其为所欲为的

---

① 原文出自：Suchman M C. Managing legitimacy：Strategic and institutional approaches［J］. Academy of Management Review，1995，20（3）：575.

可能；更进一步地，也可促使强势方主动采取某些策略提升权力合法性，最终达到促进双方关系健康发展的目的。

第二，通过对弱势方的行为及心态进行细化研究，有助于加深强势方对弱势方行为及心态的认知和理解，并在理解的基础之上促进双方的沟通与合作。个体的行为及心态是复杂的，不能以单线论之，组织亦然。故此，本书同时使用服从和机会主义行为描述弱势方行为，以及同时使用信任和不信任描述弱势方心态，并在此基础上探讨权力合法性对不同行为组合及心态组合的非对称影响作用，从而更细致地刻画了弱势方的行为与心态。其研究结果有助于加深渠道企业对弱势方行为及心态的认知和理解，并在理解的基础之上促进双方的良好沟通与合作。

第三，通过关注弱势方内生治理机制问题，有助于彰显弱势方在渠道关系中的合作价值，以促进渠道和谐健康发展。

弱势方虽然拥有较少的资源，但仍旧有合作的价值，本书正是针对这一点，关注权力合法性会促进弱势方合作进而提升渠道绩效这一过程机制。在具体内容中，研究一使用理论推导的方式证实在非对称的权力结构中，不同的权力合法性会导致弱势方选择不同层次的合作；而研究二和研究三用实证检验的方式分别证实弱势方的行为及心态对渠道绩效的不同影响。以上研究有助于彰显弱势方在渠道关系中的合作价值，最终促进渠道和谐健康发展。

第三节　研究思路与框架

一、研究思路

综上所述，本书的研究问题是：①在非对称权力结构的营销渠道中，不同的权力合法性是如何影响弱势方合作的层次的？②将合作区分为行为上的合作和心态上的合作，那么不同的权力合法性对弱势方在行为上选择服从还是机会主义行为会有怎样的影响，对弱势方在心态上选择信任还是不信任又有怎样的影响？③弱势方服从与机会主义行为两种行为之间的关系是什么，信任与不信任两种心态之间的关系又是什么，它们在基于权力合法性的弱势方内生治理机制中扮演了怎样的角色？

基于上述研究问题，本书将以实效合法性和道德合法性为前置变量，以渠道绩效为结果变量，分别将服从和机会主义行为、信任和不信任作为中介变量，构建反映权力合法性、弱势方合作以及渠道绩效之间影响机制的理论模型，具体的研究思路如图 1-1 所示。

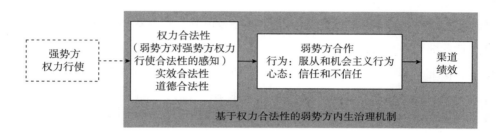

图 1-1　本书的研究思路

本书认为，在同一非对称权力结构的渠道关系中，某弱势方（观察者）通过近距离地观察强势方使用权力的行为，会形成对强势方的权力行使是否必要、正当和恰当的感知，这即是弱势方的权力合法性感知。当弱势方认为强势方对权力的行使具有合法性时，会进行行为和心态的自我调整，从而表现出不同层次的合作意向，最终影响渠道绩效。

二、研究框架

本书围绕上述研究思路，首先，对有关本书研究所涉及的关键变量的文献进行回顾和述评，以探究研究问题的理论背景和研究现状；其次，将上述研究思路具体化和可操作化，包括提出理论模型、界定关键变量、推导验证各个命题及假设；再次，交代收集数据和验证假设的方法和过程；又次，运用实际数据验证假设并报告结果；最后，在结果的基础上得出结论，并分析可能的管理启示。按照以上过程，本书共分为六章，具体如下：

第一章是绪论。本章主要介绍了本书试图解释的问题、研究意义、研究思路与框架以及研究方法与技术。

第二章是文献回顾。本章交代了本书关注的问题的研究状况，依照模型中变量出现的先后顺序依次对权力合法性、服从、机会主义行为、信任、不信任、渠道绩效以及治理机制等若干概念进行国内外文献梳理及评述，以明确前人都做了哪些工作以及工作进展到何种程度。这一部分是后文提出理论模型及研究假设的起点。

第三章是理论模型。本章以文献回顾中所涉及的关键变量为点，以社会交换理论和社会认知理论为线，构建了反映权力合法性对渠道绩效影响机理的理论模型，旨在揭示基于权力合法性的弱势方内生治理机制。按照从整体到局部的循序渐进原则，本章通过三个子研究来阐明这一机制。其中，研究一以逻辑推导的方法证明权力合法性对弱势方合作的影响路径及机制，旨在从理论上论证基于权力合法性的弱势方内生治理机制的存在及有效性，共提出六个命题。在研究一的基础上，研究二和研究三分别基于内生治理机制概念中所提及的"自我控制行为"与"自我调整心态"两大重要视角，分别使用"行为"和"心态"两套中介变量，共提出23个假设。

第四章是实证研究设计。本章是本书的研究由概念化过程转为操作化过程的承上启下的一章，包括量表设计、问卷设计、抽样设计、数据的收集过程以及样本分布特征的描述。

第五章是数据分析与假设检验。在本章中，笔者使用数据分析工具对正式调研数据进行统计分析，目的是验证第三章中所提出的假设是否可以获取统计上的支持，以得出研究结果。具体包括信度与效度检验、共同方法偏差检验以及对研究二和研究三的假设检验。

第六章是研究结论与启示。本章主要概括总结本书的研究结果，通过与前人的研究进行对比提炼出创新点，并总结本书研究的管理启示以及未来的研究方向。

第四节　研究方法与技术路线

一、研究方法

本书基于英国心理学家华莱士所总结的科学研究过程推理模型（见图1-2），综合运用理论研究和实证研究来阐明所要研究的问题。

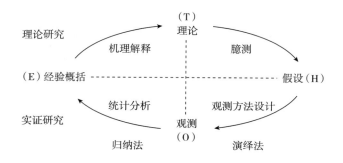

图 1-2 华莱士模型：理论研究与实证研究的关系

资料来源：李怀祖. 管理研究方法论［M］. 西安：西安交通大学出版社，2004：70.

理论研究即图 1-2 中上半部 E-T-H 所描述的过程，在本书中包括：结合研究问题，对权力合法性、服从和机会主义行为、信任和不信任、渠道绩效以及治理机制的前人研究成果进行梳理，交代本书研究的理论背景；进一步地，基于前人的经验概括与笔者的实践观察结果，经过思辨、洞察、猜测和想象对所研究的问题提出机理解释，即基于权力合法性的弱势方内生治理机制，并将总研究模型转换为 6 个命题及 23 个假设，以形成新的理论或修正补充原有理论。

实证研究即图 1-2 中下半部 H-O-E 所描述的过程，它将规范研究中所提出的假设作为研究的起点，然后观测事实，并通过统计分析，总结这些观测结果，以证实或证伪最初的假设。在本书中，笔者选用问卷调查法来观测事实和取得大样本数据，其过程包括：首先，基于前人所开发的量表，根据研究主题选择、修订乃至形成研究量表，以此为主体设计问卷，并对初始问卷进行小规模的预测试，基于预测试结果修改问卷。其次，确定研究总体和调查总体，选用推荐抽样方法进行样本选取。再次，展开正式调研工作。在数据收集工作结束之后，使用 Cronbach's α 系数与组合信度（CR）值评估量表信度，运用验证性因子分析（CFA）方法检验聚合效度与区分效度，以及运用 Harmon 单因素检验法观察共同方法偏差的严重程度。在上述信效度检验与共同方法偏差检验的基础上，使用相关分析、层次回归分析、回归系数差异的 t 检验、聚类分析和 F 检验对 23 个假设进行统计验证。最后，得出基于问卷调查与数据分析的经验概括，即本书的结果和结论部分。

二、技术路线

技术路线是研究的蓝图，它指引总体研究的有序开展，本书的技术路线如图 1-3 所示。

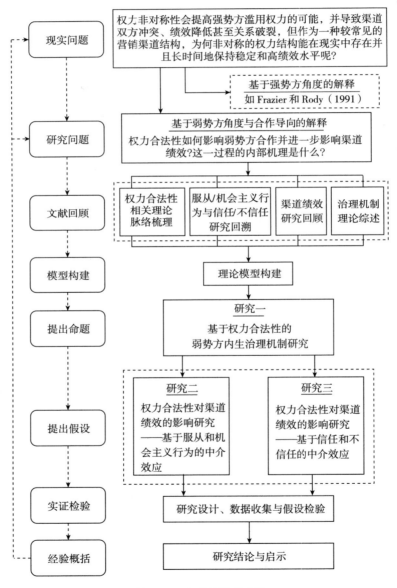

图 1-3　本书的技术路线

笔者在实践观察和早期阅读文献的过程中，渐渐发现疑惑之处（现实问题），而进一步梳理相关文献发现，已有学者从强势方的角度对此进行了解答。当转换角度以弱势方的视角来看，这一问题背后的解释机理又是什么？由此，本书选取权力合法性为切入点，基于弱势方视角和合作导向将上述现实问题转化为明确、具体且可操作的研究问题。

　　接下来，沿着技术路线的指引，笔者对前人研究开展了大规模的收集与整理，分别对权力合法性、服从和机会主义行为、信任和不信任、渠道绩效以及治理机制等研究问题可能涉及的关键变量进行文献回顾，描述本书研究的理论背景。立足于此，本书提出研究的理论模型，并将其细化为若干命题与假设，采用问卷调查法收集大样本数据，使用 SPSS 20.0 和 AMOS 19.0 对样本数据进行统计分析和假设检验，在假设检验结果的基础上进行理论升华与概括，形成本书的主要结论，以回答本书在初始阶段所提出的现实问题和研究问题。

第二章　文献回顾

本章将依次对本书研究涉及的变量进行国内外文献的梳理及评述，旨在为下文理论模型及研究假设的提出夯实基础。

第一节　权力合法性的相关研究

一、权力的相关研究

（一）权力（Power）的含义

权力是一个古老而复杂的概念，在政治学、国际关系学、社会学等学科中都占有极为重要的位置，且定义各有侧重。在营销渠道领域，现有研究文献对权力的定义有如下几种：

1. 基于能力的权力定义

一些学者认为，权力本质上是一种能力，但是在这种能力是"影响力"还是"控制力"这一问题上，大家的看法略有不同。

French 和 Raven（1959）认为，权力是一种影响力。权力就是权力施与方（O）能持续稳定地影响权力受与方（P）[①] 所处生命空间中的某系统，并因此导

[①]　本书使用权力施与方与权力受与方这一对概念，分别指向权力结构中拥有/行使权力的一方和被权力所统治和管辖的一方。这一对概念与后文中另一对概念——非对称权力结构中的强势方和弱势方的意义部分重合，但又稍有不同。权力施与方和权力受与方仅仅是从权力的行使方向上区别，前者是权力的行使方而后者是权力的被行使方；而强势方和弱势方是从权力的强度或大小上区分的，如果某渠道成员 A 对其渠道伙伴 B 的权力大于 B 对 A 的权力，因而体现为权力结构中 A 强 B 弱的局面，那么就称 A 为强势方，B 为弱势方。

致 P 在行为、观念、态度、目标、需要、价值观等个人心理层面出现变化的能力。这一概念中没有考虑第三方或者 P 的权力，也就是说，权力施与方（O）对权力受与方（P）的影响力可能很大，但如果第三方或者 P 本身反方向的影响力很强的话，P 会向一个相反的方向行动，即 O 并不能控制 P。当且仅当 O 能引发他预计的 P 的行为变化时，才可认为 O 具有对 P 的控制力。在这里，French 和 Raven 区分了"影响"与"控制"，他们认为权力是一种影响力而不是控制力。

但是，French 和 Raven（1959）将权力等同于影响力的定义似乎过于宽泛，这是因为，除权力之外，社会规范等也会对个人行为产生影响，而这种影响是一种长期而松散的社会化过程，并不属于权力的范畴（朗，2001）。由此，朗（2001）缩小了权力的概念，认为权力是某些人对他人产生预期效果的能力，它具有有意性、有效性、潜在性、非对称性以及所产生效果五种特性。可以看出，朗的这一定义与 French 和 Raven 对控制力的定义非常相似，突出强调了只有让他人从事自己所期望的行为的能力才是权力。这将权力与社会规范区分开来，因为后者明显不具备这样的有意性。

然而，怎样区分权力受与方是基于自愿还是被权力驱使而从事权力施与方所"预期的行为"呢？这一疑问在上述定义中并未得到解决。在这一方面，Dahl（1957）的观点似乎更进一步，他认为权力就是能使他人做他不愿意做的事情的能力。虽然 Dahl 本人并不承认，但这个定义更倾向于指一种对他人行为的严密控制能力，这种控制力完全排除了权力受与方自愿而为的可能，更多地强调了权力的强制性特征。

这一将权力看成是权力施与方的一种能力的观点虽然得到了绝大多数营销渠道研究学者的认同，但存在着一个操作方面的重要缺陷：能力本身具有潜在属性（French and Raven，1959），在"拥有"而未"行使"之前，权力受与方如何能感知到这种权力？其又该如何去测量这种权力的强度？在研究中学者们主要通过两种方式解决这些问题：一是基于更容易被感知的依赖来定义和测量权力；二是通过对过去实际发生的行为（包括不同来源的权力的行使或影响策略的行使）来对权力强度加以判断（科兰等，2008）。

2. 基于依赖的权力定义

部分学者认为权力是依赖（Dependence）的函数（El-Ansary and Stern，1972），或者更进一步地将权力和依赖看成是同一枚硬币的正反两面（Emerson，1962）。

Emerson（1962）对依赖进行了定义，认为 B 对 A 的依赖与 B 在只有 A 参与才能达成的目标上进行的动机性投资直接相关；而与 A 与 B 关系之外的 B 可获取的目标负相关。之后的学者继承了 Emerson 的核心观点，如 Molm 等（1993）认为，A 对 B 的依赖取决于两个方面，一是 B 的行为能为 A 带来的利益，二是 A 能获得替代 B 的合作伙伴的可能性。另一些学者则将依赖界定为目标企业为达到其预期的目标而维持渠道关系的需求（Frazier et al.，1989；Kumar et al.，1995b）。还有一些学者从资源的角度界定依赖（Andaleeb，1995；Kumar et al.，1998；Zhou et al.，2007），他们认为当某一渠道成员拥有某些有价值的资源（如资本、技术专长、信息、服务、资产、联盟关系以及重要地位），而这些资源对其渠道伙伴来说意味着某种从别处无法获得的利益时，渠道伙伴就是依赖前者的。

Emerson（1962）同时还认为，如果 B 依赖于 A，B 就会改变它的行为以适应 A 的需求，B 对 A 的依赖赋予了 A "潜在的影响力"，即 "A 对 B 的权力" 就等同于 "B 对 A 的依赖"，用公式表示就是 "$P_{ab} = D_{ba}$"。之后许多学者都采用了这一论断，将依赖与权力对应起来（Etgar，1976b；Brown et al.，1983；Kale，1986；Anderson et al.，1937；Frazier et al.，1989；Dapiran and Hogarth–Scott，2003）。对此，科兰等（2008）在其经典教材《营销渠道》中总结道："权力实质上是依赖性的反映。"[1]

然而，Kumar（2005）对此有不同的见解，他以朝鲜与缅甸为例，指出这两个国家并不依赖于其他国家，那么是否就能得出结论——这两个国家是世界上最有权力的国家呢？他认为这样的论断显然是荒谬的。

另外，需要指出的是，上述关于权力与依赖的定义及两者相互关系的观点也存在着矛盾的地方。学者们关于依赖的定义或明或暗地都提到了"利益""奖赏""有价值的""期望的'等正面意义的字眼，而对权力的界定却一直是多维的或是二分的[2]。那么，与惩罚性权力或强制性权力这些负向的权力类别相对应

---

[1]　科兰·A T，安德森·E，斯特恩·L W，埃尔–安萨里·A. 营销渠道 [M]. 蒋青云，王彦雯，顾浩东，等译. 北京：中国人民大学出版社，2008：171.

[2]　最常见的划分是强制权、奖赏权、合法权、感召权和专家权，以及二分的强制性权力和非强制性权力，具体论述见后文。

的应该是什么？对于这一问题，Emerson（1962）给出了解释。他用注释的方式指出其对依赖的定义涵盖了 French 和 Raven（1959）所提出的至少是大多数的权力来源。但是，这一解释并未在其及其追随者的文章中得到体现。1984 年，Gaski 指出，在渠道研究文献中依赖与权力在概念界定上从未被独立开来，然而依赖只是权力的一部分或是其中的一个维度，并不是一种独立的现象。另外，Kumar 等（1998）也认为，尽管关系中的一方对另一方的依赖给予了后者权力，但这并不意味着权力和依赖是完全对等的同一事物的正反两面，权力的范畴要大于依赖。

对于上述观点不一致的问题，本书认为，将权力和依赖对应是有其合理之处的，尽管它们可能无法完全等同（可以把它们想象成两个圆心重叠的圆，权力的半径要稍稍大于依赖），但考虑论述的方便，且其偏差并不会对本书的研究造成致命妨碍，因此本书仍采取大多数研究者的观点，将权力和依赖看成是等同的两个概念。

3. 基于行为的权力定义

还有一些学者从行为的角度来界定权力，包括权力来源的应用和影响战略的应用（Kumar，2005；徐健等，2011）。

French 和 Raven（1959）区分了五种权力来源：强制权、奖赏权、合法权、感召权和专家权。考虑到分类过多难以廓清，基于权力来源来界定权力的学者们提出了更为广泛的分组方法：一是 Hunt 和 Nevin（1974）所提出的，将这五种权力来源进一步区分为强制性权力来源和非强制性权力来源（包括奖赏权、合法权、感召权和专家权）；二是 Etgar（1978a）所提出的，根据选择性和指向性两个判断标准，将权力来源分为经济性来源（包括奖赏权和强制权）和非经济性来源（包括专家权、感召权和合法权）。上述这些对权力来源的区分都成为后续研究的重要基础。

从权力影响战略的角度去界定权力，常用的分类是 Frazier 和 Summers（1986）所提出的，权力影响战略分为威胁、合法抗辩、许诺、要求、建议和信息交换六类，进一步可区分为强制性影响战略（包括前三种）和非强制性影响策略（包括后三种）。这一分类被许多后来的研究者认可和使用，如 Frazier 等（1989）、Frazier 和 Rody（1991）、Scheer 和 Stern（1992）、Boyle 和 Dwyer（1995）等。

综上所述，权力是一个复杂的概念，以往的学者们从能力、依赖和行为角度对权力做出了不同的（操作性）定义。但需要特别说明的是，这并非意指权力的这三种定义方式是相互矛盾无法兼容的。事实上，在现有的营销渠道文献中，绝大多数的文献都是综合采纳了上述的一种或几种定义方式①。本书采用基于能力的权力界定方式，参考了 El-Ansary 和 Stern（1972）的做法，将权力定义为"一个渠道成员可以对另一个处于同一渠道系统但处于不同层面上的渠道成员的营销决策变量施加影响和控制的能力"，这一定义为绝大多数渠道研究学者所接受。

（二）权力、权力行使与权力结构

1. 权力与权力行使

基于上述界定，权力与权力行使是两个不同的概念：前者反映的是一种潜在的影响和控制能力，而后者是一种行为，或者说是一种过程。它们之间的区别和联系具体体现在以下几个方面：

首先，权力施与方实际上可能拥有很多类型的权力，但这些权力不会被全部行使出来。例如，Frazier 和 Rody（1991）提到，拥有较多权力的权力施与方更倾向于使用非强制性影响策略而不是强制性影响策略。原因有二：一个原因是，非强制性影响策略的使用需要一段时间才能生效，因此，只有那些拥有较多权力的权力施与方才有可能从权力受与方处获取策略生效所必须的时间和关注，而拥有较少权力的权力施与方如果使用非强制性影响策略，权力受与方可能会毫不理睬；另一个原因是，强制性影响策略比起其他可用的许多影响策略来说更容易引发冲突②，而拥有较少权力的权力施与方却没有其他的影响策略选择，即使实施效果并不好，他们也只能使用强制性影响策略。

----

① El-Ansary 和 Stern（1972）就采用上述三种方式来界定权力。首先，他们基于 Dahl（1957）的定义，将权力界定为"一个渠道成员对另一个处于不同层面上的渠道成员的营销决策变量施加影响和控制的能力"。其次，他们也指出，权力是依赖的函数和权力来源的函数。在操作上，这两位学者同时用四种方式测量了权力的强度，分别是：第一，一方对另一方控制自己各种营销决策变量的感知；第二，前一种感知对营销决策重要性加权；第三，对依赖程度的感知；第四，对权力来源的感知。

② 本书基于冲突本身的语义学含义界定冲突，即认为冲突是一种负面行为。事实上，组织研究中将冲突分为两种类型：建设性冲突（Constructive Conflict）与强制性冲突（Coercive Conflict）（Thibaut and Kelly，1959）。建设性冲突是功能性（Functional）的，通过提出和克服分歧，渠道成员之间可加强合作进而提高绩效。然而，大多数的冲突仍然是强制性的，会损害渠道关系的健康运行，是功能失调的（Dysfunctional）。本书此处所指的是后一种冲突，下文同。

其次，权力在没有被行使之前，可能并不能够被权力受与方所感知。Zhou 等（2007）分别测量了同一渠道关系中的双方（A 与 B）对 B 对 A 依赖的感知，结果显示有显著差异。这从另一面验证了这一观点：权力施与方认为自己实际拥有的权力和权力受与方实际感知到的权力有差异，而差异产生的一个重要原因就是部分权力并没有真实行使。而现有文献在衡量权力时绝大多数都是采用权力受与方对权力的感知数据，这也就是说，这些文献中提到的"权力感知"，实际上是"对权力行使的感知"。

最后，在社会学中，有一种特殊的权力行使情况：掌权者虽然并没有任何命令或行动（即无主动的权力行使行为或过程），但其所统治的一方却在自己感知的权力威压下，揣摩掌权者心态，猜测其所希望的行为，并自觉付之于实践（朗，2001）。这种权力行使情况在营销渠道关系中非常少见，因此本书并不考虑此种情况。

2. 权力结构

权力不是某组织的一种特性，而是关系的一种特性（科兰等，2008），权力关系的本质之一是它的非对称性（朗，2001），这种非对称性体现在权力施与方对权力受与方的行为实施具有较大的控制，但反过来控制却可能并不存在。外国学者布劳也认为，"相等力量的相互依赖和相互影响标志着缺乏权力"①。

考虑到权力关系的非对称性特点可以预测到，在营销渠道关系中，相对于供应商和经销商之间保持对等的权力总量这种情况而言，非对称的权力结构②更为常见，渠道中的非对称权力结构要比对称的权力结构更为普遍。此结论在 Kumar（2005）以及 Dwyer 和 Walker（1981）等的研究中都得到证实。可以

---

①　布劳. 社会生活中的交换与权力［M］. 李国武，译. 北京：商务印书馆，2013：119.

②　本书借鉴 Casciaro 和 Piskorski（2005）的做法，将权力不对称（Power Asymmetry）界定为 A 对 B 的权力（P_{ab}）与 B 对 A 的权力（P_{ba}）的差，即 $P_{ab}-P_{ba}$，这与 Emerson（1962）所提到的权力优势/劣势（Power Advantage/Disadvantage）含义相同。考虑到权力与依赖的对应关系，有些学者，如 Kumar 等（1995b）、Gulati 和 Sytch（2007）等用依赖不对称（Interdependence Asymmetry/Dependence Asymmetry）（$D_{ba}-D_{ab}$）来指代这一概念；将总依赖（Total Dependence/Joint Dependence）界定为 A 对 B 的依赖（D_{ab}）与 B 对 A 的依赖（D_{ba}）的总和，即 $D_{ab}+D_{ba}$，这与 Emerson（1962）所提到的关系凝聚力（Cohesion of Relationship）含义相同，只不过后者指的是均值。这里提到的非对称的权力结构指的是某位渠道成员 A 对其渠道伙伴 B 的权力大于 B 对它的权力，因而体现为权力结构中 A 强 B 弱的局面，将 A 称为强势方，将 B 称为弱势方。

说，大多数的渠道关系中都存在强势方和弱势方①的区分，强势方拥有并使用权力，而弱势方将要在这种己方占劣势的权力差别处境中生存和努力获得收益。

现有的大多数的营销渠道文献对非对称权力结构和渠道冲突与渠道稳定之间的关系持负面态度：相对于对称的权力结构，非对称权力结构更容易使渠道产生冲突，因此渠道更不稳定。例如，Stern 和 Reve（1980）明确提到，"在以对称权力为特征的营销渠道中，这样的权力平衡能维持多久，合作性的互动就能保持多久；相反，当权力结构是非对称状态时，非功能性冲突出现的可能性就会增大"②。另外，Anderson 和 Weitz（1989）分别从渠道理论、谈判理论以及社会交换理论出发证明不对称的权力结构会导致冲突这一结论。Johnsen 和 Ford（2002）列举了非对称权力结构的种种危险，其中包括强势方会利用权力去控制弱势方，这会导致双方利益出现分歧从而损害彼此之间的信任（Kumar et al.，1995b），进而导致冲突。Frazier 等（1989）也证实了非对称权力与冲突水平有间接的正相关关系。

然而，部分渠道研究也得出了与上述观点相反的结论。例如，Hingley（2005）在对英国食品行业的渠道关系展开案例研究后发现，在该行业中权力结构不对称的现象非常普遍，但并没有出现冲突反而表现出长期的关系导向。Gilliland 等（2010）也检查了相对依赖程度对单/双边治理机制与渠道冲突/协调之间关系的调节效应，得出了非对称权力结构并不总是会导致冲突的结论。Williamson（1975）认为集权的权力格局会带来合作可能；而 Gaski（1984）也指出，社会系统中的权力越分散（Decentralized），就越容易引发消极的渠道冲突。另外，Iyer 和 Villas-Boas（2003）用数学推导的方式证明，渠道中零售商的权力越大，越能促进渠道的协调；有权力的零售商的存在事实上对整条渠道中的所有成员来说都是有利的。Zhuang 和 Zhou（2004）基于中国社会实践提出，当弱势方意识到自己与强势方之间的权力差异时，会主动增强对对方的依赖，更愿意服从对方，这被称为"找靠山"现象。

---

① 强势方和弱势方的概念与前文中所提到的权力施与方和权力受与方的概念有重叠的部分，具体区别前文已进行了介绍。

② Stern L W, Reve T. Distribution channels as political economies: A framework for comparative analysis [J]. Journal of Marketing, 1980, 4（3）: 52-64.

为什么在非对称权力结构的渠道关系中也存在合作，且合作关系能保持稳定？一些研究从强势方的视角对此进行了解释。例如，Kumar 等（1995a）认为在非对称的权力结构下渠道关系能否保持稳定以及产生信任关键在于相对强势的一方如何行使权力；Frazier 和 Rody（1991）则认为，先前的结论没有考虑到强势方滥用权力的成本，考虑到这一行为会损害合作收益，强势方会自我约束和控制权力的行使，从而在非对称权力结构的渠道关系中促进合作行为。

但本书认为，在这个问题上，关注弱势方对强势方权力行使的反应（感知、心态及行为）更具有意义。这是因为，"权力不平衡对于社会变化的意义取决于被统治者对权力行使的反应"①。对于拥有权力的一方来说，如果对方不按其要求行事，就意味着他无法去影响和控制另一方的营销决策变量。换句话说，他所认为的自己拥有的权力实际上并没有真正行使，甚至说并不存在。对此，Bucklin（1973）用了大量例子来说明，弱势方作为营销渠道关系中数量占优的多数方，没有弱势方的服从与支持，权力就没有办法被真正地实施。

总的来说，关注弱势方对强势方权力行使的感知与反应为现有研究得出的矛盾结论提供了另一个同时也是更重要的解释，下文将把这种感知概念化为权力合法性这一变量。

二、合法性的相关研究

（一）合法性（Legitimacy）研究的不同视角

一般认为，学术界对合法性的研究始于制度学派中 Weber 对社会秩序的分析。Weber 认为，当且仅当某社会秩序中的个体能大体或平均上倾向于依社会公认的"准则"或规则行事时，该社会秩序才是具有合法性的（Weber，1922）。随后，制度学派的其他学者以及社会心理学派在各自的领域中分别对合法性问题进行研究，其研究结果虽自成一派，但也具有某些共通之处。

早期的制度学者继承了这种从"社会一致性"的角度来定义合法性的方式。例如，Dowling 和 Pfeffer（1975）就认为，某组织的合法性表现为其行为所反映出的社会性价值与社会系统所广泛接受的行为标准之间的一致性程度。类似地，Meyer 和 Scott（1983）也认为，合法性就是源于组织与其所在的文化环境之间的

---

① 布劳. 社会生活中的交换与权力［M］. 李国武，译. 北京：商务印书馆，2013：29.

一致性。然而，上述这些学者更多地强调了合法性定义中的认知成分而忽视了评估成分，换句话说，他们认为某组织具有合法性是因为这些组织的存在及其行为是理所当然合情合理的，而不去考虑这些组织及其行为在观察者的主观判断中是否令其满意。Suchman（1995）调整了这一定义方式，将评估成分和认知成分同时囊括进来，将合法性界定为"在由准则、价值观、信念和界定等组成的社会系统中，（观察者）对某一实体的行为是否是必要的、合适的和恰当的所做出的综合性感知和假定"①。

制度学派对合法性的研究可分为两大类别（Suchman，1995；Tilling，2004）：一类是"宏观"的合法性理论，即制度合法性理论，主要讨论某制度性结构②如何在整个社会范围内成为被模仿的模板的过程（DiMaggio，1988），在此，合法化和制度化（Institutionalization）是两个同义的概念（Suchman，1995）③，共同促成了某种社会行为的固化；另一类是建立在组织战略层面上的"微观"理论，以某组织为行动体和研究对象，研究该组织是否具有以及如何构建法性的问题。进一步地，微观的合法性研究又可以继续分为两大类别：一类是组织的视角，研究某组织如何主动实施某些策略去建立、维持、扩展和防护自身的合法性。在该理论视角下，合法性被看成是一种操作性资源或策略，组织从自身所处的文化环境中攫取资源/运用策略来实现目标（Zimmerman and Zeitz，2002；Grewal and Dharwackar，2002；Kumar and Das，2007；李新建等，2012）。另一类是基于观察者④的视角，研究哪些因素会影响他们对某组织/对象的合法性的感知以及这种感知如何进一步影响其心态及行为。在该理论视角下，合法性被看成是一种个体层面的感知（Suchman，1995；MacLean and Behnam，2010），并因此而具有主观性色彩。这意味着一个组织的某些行为可能已经显著背离了观

---

① Suchman M C. Managing legitimacy: Strategic and institutional approaches [J]. Academy of Management Review, 1995, 20 (3): 574.

② 包括计划、规则、标准和惯例等。参见：史密斯·K G，希特·M A. 管理学中的伟大思想：经典理论的开发历程 [M]. 徐飞，路琳，译. 北京：北京大学出版社，2010：369.

③ 关于制度化和合法化之间的关系，学者们看法不同。除 Suchman 所提到的这种"同义"的观点之外，Tost（2011）认为制度化同时包含了过程和结果的含义，当一个组织拥有理所当然的地位以及可以自我维系的能力时，才能认为它是制度化的；而合法化显然不具备自我维系的能力特征，合法化对于制度化（结果）来说是必要但非充分的。

④ 观察者指的是那些由于与某组织处于相互联系之中因而得以"近距离地观察组织及其行为"的组织或个人（Suchman，1995），例如投资者、供应链上的合作伙伴等。

察者的某些标准，但由于这些行为并没有被观察者所注意到，因此并不妨碍这一组织获取合法性。对此，Suchman 评论道："合法性是被客观地拥有，却是被主观地创造。"①

在社会心理学领域，学者们也继承了 Weber（1922）的初始定义，但更倾向于从"个体感知"的角度研究合法性问题，其中比较有影响力的是 Tyler（1997）的研究。Tyler（1997）分别从资源基础观和认同基础观中推导出两种类型的合法性：实用合法性和关系合法性，并证实这两种合法性会影响组织内下属对上级要求的自愿服从程度。

社会心理学的"个体感知"这一合法性研究角度颇类似于前文所述的制度学派中的"观察者"视角，即都强调在合法性研究对象之外，存在一个合法性评估主体，他们对合法性研究对象是否具有合法性进行主观判断和评估。这正如 Ruef 和 Scott（1998）所言："任何一个组织是否具有合法性，或者说它的合法性究竟有多少，取决于观察者基于某一特定的标准对该组织的行为与此标准的趋近程度进行的评估。"②但"个体感知"角度与"观察者"角度也有不同之处：第一，制度学派关注于组织间关系中的合法性研究，而社会心理学对合法性的研究更多地集中于组织内部（Johnson et al.，2006）；第二，制度学派更多地关注于组织层面的合法性形式，而社会心理学派则对个体层面的合法性形式③更感兴趣（Tost，2011）。

2011 年，Tost 在 Johnson 等（2006）的研究基础上，认为制度学派（尤其是微观角度）和社会心理学派对合法性的研究之间并不存在不可调和的冲突，相反，它们在很多方面是有共通之处的。基于此，Tost（2011）对制度学派和社会心理学派对合法性的研究进行了整合，提出了一个适用于个体层面合法性分析的综合性研究框架（见表 2-1）。

---

①　原文是"legitimacy is possessed objectively, yet created subjectively"，出自：Suchman M C. Managing legitimacy: Strategic and institutional approaches [J]. Academy of Management Review, 1995, 20（3）：574.

②　Ruef M, Scott W R. A multidimensional model of organizational legitimacy: Hospital survival in changing institutional environments [J]. Adiministrative Science Quarterly, 1998, 43（4）：880.

③　Dornbush 和 Scott（1975）将 Weber 定义的合法性区分为两种类型：适当性（Propriety）和有效性（Validity）。适当性是一种个体层面的合法性形式，指的是个人对某实体是否具有合法性的自我判断；而有效性则是集体层面的合法性形式——如果大家都认为某实体具有合法性，那么即是某些人自己并不如此认为，但还是会遵从集体意志行事。

表 2-1 制度学派与社会心理学派的合法性研究

方面	制度学派	社会心理学派	共通、冲突以及整合	整合后的合法性判断模型
研究对象	主要是组织及组织形式	行为者（如领导）、社会层级（如地位信念）、群体程序以及规则	双方有许多的共通之处：两大领域的合法性研究者都对其传统视野之外的合法性对象展开研究	新的模型吸收了两大领域的研究方法及对象界定（即包括对领导者、政策、组织的合法性判断）
定义	"在由准则、价值观、信念和界定等组成的社会系统中，（观察者）对某一实体的行为是否是必要的、合适的和恰当的所做出的综合性感知和假定"（Suchman，1995）	"当权者有资格要求被服从的一种信念"（Tyler，1997），或者"对社会性分配结果在分配过程中的公平的主观性感知"（Major and Schmader，2001）	自愿的顺从与尊重是合法性判断的结果，而非合法性判断的内容；公平仅仅是合法性判断内容三个维度中的一个	新的模型采用制度学派对合法性的定义，即对某组织在其社会情境下的恰当性判断
内容	集中在实用（实效）和道德合法性上，也讨论了认知和管制合法性	实用、关系和道德合法性	实用和道德合法性是双方都涉及的，关系维度是社会心理学派特有的	实用*、关系和道德是合法性判断的内容；认知合法性是合法性的本质特征；管制合法性代表了权威化的过程，因此被视为一种有效性提示

注：Tost（2011）中的原文是"制度的"，但观其上下文，怀疑是作者笔误，因此根据其全文译为"实用的"，特此说明。

资料来源：Tost L P. An Integrative model of legitimacy judgement [J]. Academy of Management Review, 2011, 36 (4)：688.

这一框架为后来的研究者进行合法性研究提供了一个新的方向，即在上文所述的"宏观"和"基于组织视角"的合法性研究之外，可以从其他个体（观察者）的视角出发，将制度学派和社会心理学派的观点相结合，研究观察者对某组织在某一方面的合法性感知对该观察者心态和行为以及双方关系的影响作用。本书正是基于上述研究思路，对营销渠道中弱势方对强势方权力行使的合法性的感知影响弱势方心态及行为进而影响渠道绩效的过程进行探究。

（二）渠道关系中的合法性研究

2002 年，Grewal 和 Dharwadkar 强调了将合法性引入营销渠道关系研究的重要意义。他们认为，企业可以采用强迫和诱导、权威支持和学习同行以及时间印刻和理念传递的制度建设方式来分别建立实效合法性、程序合法性和认知合法性，而这三种合法性最终对渠道内部经济性结构、内部经济性过程、内部社会政治结构和内部社会政治过程①都会产生影响。

在此基础上，后续学者持续关注合法性与渠道企业行为之间的关系。例如，Ren 等（2010）以信任和冲突为中介变量，实证检验了强迫不对称和理念传递这两种合法性构建策略对渠道关系绩效的影响；李新建等（2012）先通过非结构化个人访谈方法分析了实效合法性、程序合法性和认知合法性的形成机制，然后用问卷调查法实证检验了这三种合法性对经销商的服从、制造商的集权决策程度、经销商对制造商的信任以及经销商的机会主义行为的影响。另外，Deligonul 等（2013）选择宜家（IKEA）为案例研究对象，探究供应商网络是如何被转化为宜家的异质性资产从而获取实效合法性、道德合法性和认知合法性的。Jia 和 Wang（2013）从管制、规范和认知文化三个方面列举了中国特有的制度环境特点，并提出这些特点与渠道研究中的关系（guanxi）、信任和依赖之间联系的若干命题。熊会兵等（2010）则证实了合法性在企业战略与经济绩效关系间的中介效应。

以上的研究均是从组织角度研究合法性的构建策略，除此之外，有少数研究注意到感知合法性这一问题：Marion（2006）讨论了营销意识的合法性问题。他认为，只要消费社会中的个体（包括营销渠道成员）都相信某种营销意识的合法性，营销意识就可以为营销合作体提供存在的理由，从而使营销成员之间表现出一系列共同行为，促进营销成员间的合作和协调。另外，2010 年，Blois 以一篇规范研究的文章描述了弱势方视角下组织间关系中的权力合法性问题，认为弱势方对强势方权力行使合法性的评估会影响双方关系的"氛围"，进而影响双方的合作结果。这篇文章为本书的研究提供了前期的研究线索，指出了由弱势方评估的权力合法性在非对称权力结构的渠道关系中的重要意义，但却失于泛泛，既

---

① 即 Stern 和 Reve 于 1980 年提出的营销渠道研究的政治经济分析框架。参见：Stern L W, Reve T. Distribution channels as political economies：A framework for comparative analysis ［J］. Journal of Marketing, 1980, 44（3）：52-64.

未就权力合法性的分类进行深入探讨，也未能深刻剖析权力合法性对渠道绩效结果的影响机制及过程，还未对其进行实证检验。

另外，Grewal 和 Dharwadkar（2002）及后续的渠道研究学者均是以制度学派的理论为基石进行合法性研究。但事实上，合法性不仅是制度学派中的重要概念，也一直为社会心理学派的相关学者们所关注。这两个学派同宗同源，对合法性的研究都源于 Weber（1922）对社会秩序的分析，只是分析对象及层面有所区别。2011 年，Tost 将这两派的观点整合在一起，提出了一个适用于个体层面合法性分析的综合性框架。但遗憾的是，到目前为止没有学者在 Tost（2011）的研究基础上继续深入探讨，结合制度学派与社会心理学派关于合法性研究的思路与成果，拓展合法性理论的内容范畴并推进其在组织间关系中的研究。

三、权力合法性的含义及结果变量

（一）权力合法性的含义

正如前文所述，权力与权力行使是两个不同的概念。权力的获取是一个客观的过程，是基于价值型资源或权力基础产生的（Pfeffer and Salancik，1978；French and Raven，1959）；但在权力行使过程中，权力占优的强势方的行为是否能够被对方所接受，却是由弱势方的主观感知决定的，取决于他们对于强势方的权力行使是否"必要、合适和恰当"（合法性）的感知，而非要求他们服从的权力（本书将其定义为一种潜在能力）本身（Brenner and Ambos，2013）。由此，本书基于 Suchman（1995）的观点，将弱势方的权力合法性界定为：当处于同一渠道网络中时，某弱势方（观察者）得以近距离观察强势方使用权力的行为，进而形成其权力行使是否必要、合适和恰当的感知。

权力合法性的形成主要基于下述评估过程：第一，弱势方根据日常交易中与强势方的往来经验对其权力合法性做出判断；第二，弱势方基于强势方对待自己的方式对其权力合法性做出判断；第三，权力合法性还受到弱势方对自身在整个渠道系统中的地位认知的影响。

关于权力合法性的分类，现有文献基于观察者视角或组织视角有多种分类方法，如内部合法性与外部合法性（田志龙等，2014），结果合法性和过程合法性（李玉刚、童超，2015），社会政治合法性与认知合法性（Aldrich and Fiol，1994），实效合法性、道德合法性和认知合法性（Suchman，1995），实用合法性和关系合法性（Tyler，1997），管制合法性、规范合法性和认知合法性（Grewal and Dharwadkar，2002；Zimmerman and Zeitz，2002）等。本书综合性地考察了Suchman（1995）、Tyler（1997）和Tost（2011）对合法性的分类，并结合本书的研究背景，将权力合法性分为实效合法性和道德合法性两个类别（见表2-2）。

表2-2　本书对权力合法性的分类、界定及与前人研究的对应关系

本书	Suchman（1995）	Tyler（1997）	Tost（2011）
实效合法性 弱势方基于"自利"标准的合法性感知，主要是看强势方是否能够提高弱势方的某项物质利益或达到某个目标	实效合法性 基于观察者的自利性算计，即认为对方可以为自己带来价值	实用合法性 当某一个体或组织认为另一组织能够提高其物质利益或达到某个目标时，其会认为对方具有实用合法性	实用合法性 当某一个体或组织认为另一组织能够提高其物质利益或达到某个目标时，其会认为对方具有实用合法性
道德合法性 弱势方基于被强势方对待的方式（是采用独裁和高压的手段还是充分尊重对方的自主权）而进行的合法性感知。当弱势方认为强势方能在交往过程中尊重自己的独立性和自主性，将自己看成是地位平等的合作伙伴而非下级时，其就会认为对方具有道德合法性	道德合法性 组织行为是否"在做正确的事"，反映了观察者对该组织的积极的规范性评价，是一种社会性依赖	关系合法性 当某一个体或组织认为另一组织承认其社会身份及自我价值时，其会认为对方具有关系合法性	关系合法性 当某一个体或组织认为另一组织承认其社会身份及自我价值时，其会认为对方具有关系合法性
			道德合法性 当某一个体或组织认为另一组织的做法与自己的道德及伦理的价值取向一致时，其会认为对方具有道德合法性

实效合法性指的是弱势方基于"自利"标准的合法性感知，主要是看强势方及其行为是否能够提高弱势方的某项物质利益或达到某个目标。这一基于"自利"标准的定义在表2-2列出的三位学者的研究中都是一致的。

道德合法性是指弱势方基于被强势方对待的方式（是采用独裁和高压的手段还是充分尊重对方的自主权）而进行的合法性感知。换句话说，当弱势方认为强势方能在交往过程中尊重自己的独立性和自主性，将自己看成是地位平等的合作伙伴而非下级时，其就会认为对方具有道德合法性。这一定义是综合 Suchman

（1995）和 Tyler（1997）的观点给出的，但与 Tost（2011）的界定稍有不同①。Suchman（1995）认为，道德合法性是观察者对组织是否"在做正确的事情"的感知。本书认可这一定义，但问题在于"正确的事情"涵盖的范围太过宽泛，而且观察者对其的感知受观察者自身的立场和所使用的标准影响，这就意味着这一感知会因研究情境不同而有所差异。基于这个基本立场，并聚焦本书所研究的权力不对称的营销渠道关系情境，本书认为弱势方作为观察者对强势方权力行使"是否是正确的事情"的感知更近似乎于 Tyler（1997）在组织内研究情境下下级对于上级（权威人物）的道德合法性感知（Tyler 将其称为关系合法性），即上级在行使权力时是采用独裁和高压的手段对待下级还是充分尊重下级的自主权，简单来讲，就是是否在"恃强凌弱"。与这一观点类似，Kibler 和 Kautonen（2016）在测量创业企业的道德合法性时，直接使用了"剥削"（Exploit）这一字眼，用以反映企业是否采用了独裁和高压的手段欺凌其他弱势个体。

（二）权力合法性的结果变量

权力合法性不仅影响了弱势方看待和理解强势方及其权力的方式，也影响着弱势方应对权力的方式，即他们对权力的反应行为（Suchman，1995；Brenner and Ambos，2013），并最终影响渠道绩效水平（Ren et al.，2010）。

本书关注权力合法性是如何影响弱势方的合作意愿的。在营销渠道文献中，合作（Cooperation）这一概念至今没有形成一个统一的界定（Andaleeb，1995），主要有如下几种定义方式：一是将合作看作冲突的对立面（Stern and Reve，1980）；二是将合作看作机会主义的对立面（Brill，1994；Das and Teng，1998）；三是将合作看作为共同目标联合行动的意愿（Andaleeb，1995；Samaha et al.，2011），或是将合作看作一系列行为的集合，如双方共同制定计划、共同解决问题（Johnston et al.，2004；张涛等，2010），又如服从、认同和内部化（Kasulis and Spekman，1980）。本书采用第三种界定方式，将合作定义为某一方出于利益、己方目标的达成或对彼此价值的看重等考虑，将关系中其他方的目标看成是自己的目标，从而调动己方资源和能力以达到这一目标的行为（意向）。

---

① 事实上，本书认为，Suchman（1995）和 Tyler（1997）分别界定的道德合法性和关系合法性在本质上是互通的，前者将道德合法性看成是一种"社会性依赖"，而这与后者所强调的基于一方角度看待对方与自己互动的方式颇有异曲同工之处。对于 Tost（2011）将关系合法性和道德合法性相并列的做法本书并不认同，事实上 虽然 Tost 坚持认为关系合法性和道德合法性是两个概念，但他在举例时却无法将其真正区分开来。

Stern 和 Reve（1980）认为，合作状态有两种类型：一是对称的权力结构中的合作，这时的合作是基于双方力量均衡下谁也不敢先动手破坏联盟的缓和合作，体现了防御本质；二是非对称权力结构中的合作，这更多的是基于观念上的诱导和接受的合作。本书所讨论的正是后一种合作。

当弱势方认为强势方的权力行使具有合法性时，弱势方会进行自我内部的调整，即使是在严重非对称的权力关系中，其也自愿接受强势方的影响力，并将强势方的命令与要求内化为自身需要遵守的规则（Lusch and Brown，1982），从而降低反抗意愿更多地表现为一种合作状态。因此可以说，权力合法性会直接影响弱势方是否愿意采取合作行为，它是决定合作行为是否会出现的核心变量（Suchman，1995）。因此，Parsons（1967）将权力合法化过程描述为"权威的制度化过程"①，认为这是权力运行是否能引发合作行为的关键。

信任（Trust）是由于对另一方的意向或行为抱有正面的期望因此可以放心地将自己的脆弱地带暴露于人前的心理状态（Rousseau et al.，1998）。Luhmann（1979）将信任看成是所有的集体联合行动（Collective Action）所应具备的基本元素。

权力合法性也会影响弱势方对强势方的信任程度（Sitkin and George，2005），当强势方的权力行使被弱势方认为具有合法性时，强势方及其行为更容易被认为是有意义的、可预测的，以及值得信赖的（Suchman，1995），而这些都是信任的重要组成部分。

第二节 营销渠道中服从与机会主义行为的相关研究

一、服从的相关研究

（一）服从的含义

服从（Compliance）与权力、命令、控制等概念相对，描述了权力受与方对

---

① Parsons T. Sociological Theory and Modern Society［M］. New York：Free Press，1967：331.

权力施与方要求的履行程度。在非对称权力结构的营销渠道中，服从是弱势方合作意向的一种反映形式。服从程度的高低影响了强势方对整个渠道系统的协调水平，并最终会影响渠道系统的竞争地位和关系绩效的高低（Antia and Frazier，2001）。因此，渠道成员的服从成为强势方权力策略所追求的目标。

回顾现有营销文献对服从的研究，发现学者们在以下几方面对服从持有不同的看法：

1. 主动还是被动

弱势方的服从指的是其主动积极配合还是被动地因为监管而不能不为之？Joshi 和 Arnold（1998）认为是前者，他们将服从定义为为了维持关系，买方对于供应商的要求的积极接受与满足，尽管这么做意味着要付出潜在成本。相反，Kasulis 和 Spekman（1980）认为服从是一种低水平的被动合作状态，它仅仅在弱势方意识到自身处于被监管状态时才会出现，而且弱势方服从的原因也只是希望从对方处获得利益。Hewett 和 Bearden（2001）将服从与合作区别开来，认为前者是被动的而后者是积极主动的。① 然而，更多的学者在这个问题上保持中立，仅将服从看成是一方对另一方政策和程序的接受程度（如 Kumar et al.，1992；Payan and McFarland，2005；Kashyap et al.，2012），并未就动机是其积极还是消极进行明确区分。

2. 行为还是态度

服从仅仅是一种外显的行为还是也包括态度成分？Davies 等（2011）认为服从是态度和行为的混合体，是通过形成承诺、动机和认知过程从而驱使某方去做另一方所期望的事情。但大多数的研究都仅关注服从的行为（意向）成分，认为服从是权力受与方按照权力施与方的影响策略行事的行为（Hunt et al.，1987；Payan and McFarland，2005）以及在合作期间其依从权力施与方所提出的政策和程序的程度（Kashyap et al.，2012）。Brill（1994）最为明确地提出服从仅包含行为成分。他区分了服从和遵从（Conformity），认为前者是公开显露地遵守规则和标准的行为，是可以从外部观察到的；而后者强调态度上的接受和行为上的依从双重含义。

综上所述，现有研究对服从的定义并不一致，本书采用"主动"及"行为"

---

① Hewett 和 Bearden（2001）使用的是"默从"（Acquiescence），但其定义与服从的定义基本一致，是"在交易中一方接受和遵循另一方具体要求的程度"。

观点，将服从定义为：为了维持现有关系，弱势方公开显露地主动遵守强势方所制定的规则、程序、要求及命令等的行为。

（二）服从的前置变量

现有文献分别从权力（Kasulis and Spekman，1980；John，1984；Hunt et al.，1987；Joshi and Arnold，1998；Gilliand and Manning，2002；Payan and McFarland，2005）、治理机制（John，1984；Brill，1994；Davies et al.，2011；Kashyap et al.，2012）等方面对影响服从的因素展开研究。

由前文分析可知，学者们主要从"影响/控制能力""依赖的对立面""权力来源"以及"影响策略"等方面对权力进行定义，基于此，本书将从这几个定义角度出发，对权力与服从之间的关系研究进行回顾。

Kasulis 和 Spekman（1980）基于逻辑推导提出下列命题：强制性、奖赏性与法律合法性（Legal Legitimacy）权力的使用会正向影响权力对象的服从行为，其中，强制性权力会引发最低水平的服从，奖赏性权力会引发中等水平的服从，法律合法性权力会引发最高水平的服从。在运用实证方法的研究中，John（1984）将五种权力类型分为两类：或然性权力（Contingent Power）和非或然性权力（Noncontingent Power）。前者包括惩罚权和奖赏权，后者包括专家权、合法权和参考权。若权力受与方认为权力施予方在使用惩罚权，这一感知会负向影响权力受与方的服从意向[①]；若权力受与方认为权力施予方在使用奖赏权，情况与惩罚权相同，只是感知负向影响的强度相对较小；若权力受与方认为权力施予方在使用三种非或然性权力，感知会正向地影响权力受与方的服从意向。另外，Hunt 等（1987）也分别考察了制造商每一种类型的权力对分销商服从的影响作用，实证研究的结果显示，当分销商越来越多地感知到供应商在运用专家权、合法权和参考权时，其服从意向增加；但奖赏权和惩罚权对服从意向的影响作用未被数据证实。

也有一些学者从依赖的角度研究服从。其中，高维和和吉莉（2015）发现，渠道结构总的依赖水平正向影响服从而不对称依赖程度负向影响服从。Joshi 和 Arnold（1998）也得出一方对另一方的依赖水平正向影响其服从意愿这一结论，

---

① John（1984）原本使用的是"关系卷入中的态度性导向"（原文是：Attitudinal Orientation of Involvement with another Channel Member）这一概念，基于 Etzioni（1965），John（1984）将这一导向分为认知、情感和意向三个维度，其中意向维度指的是履行自身义务的意愿，这与服从的定义一致（Davies et al.，2011），故将其归类为对服从的研究中。

并认为关系规范在其中起到了调节作用。Hewett 和 Bearden（2001）在对跨国公司总部与其分支机构之间关系行为的研究中，也得出了相一致的结论。

还有学者关注层级结构对服从的影响。韦伯提出了层级结构的概念，指出其是一种协调多方工作的大规模管理系统。John（1984）将这一概念引入营销渠道研究中，提出层级结构的三个维度：正式化、集权化和控制（包括规则推行和监督）。渠道系统过高的正式化、集权化和控制程度会激化弱势方与强势方在争夺自身自治权以及决策自主权上的矛盾（Mohr et al.，1996），使弱势方更容易产生被剥夺自主性的感觉，这一感觉会负向影响其服从意向（John，1984）。Brill（1994）将 John（1984）的"感知层级结构"这一概念重新命名为关系约束（Relational Restrictiveness），并同样证实了它对服从的负面影响作用。另外，Hunt 等（1987）定义了对自主的渴望程度（Degrees of Desire for Autonomy）这一变量，并认为经销商对自主的追求程度越高，其服从的可能性越低。Bucklin（1973）认为，随着控制水平的增加，服从先后受到劝服（Persuasion，类似于专家权）、权威（Authority，类似于合法权）乃至强制权的影响（见图 2-1）。Gilliand 和 Manning（2002）将控制分为正式控制与非正式控制两种类型，认为这两种控制都与服从有正向联系，但非正式控制与服从的关系要强于前者。上述证据都说明，服从程度不仅与个体感知受制约、受控制的程度负向相关，也与其自身追求自主的程度正向相关，这两者不应被割裂开来，而应统合在一起考虑。但遗憾的是，至今未发现此类研究。

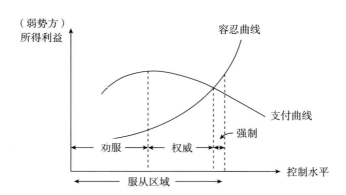

图 2-1 分销渠道中的控制与服从

资料来源：Bucklin L P. A Theory of channel Control ［J］. Journal of Marketing, 1973, 37（1）: 39-47.

Kashyap 等（2012）发现，合同完备性负向影响行为监督、结果监督以及合同治理力度，而合同单方性和合同外激励对上述行为有正向的影响作用；结果监督负向调节了行为监督对服从的负向影响作用，也负向调节了合同治理力度对服从的正向影响作用，同时行为监督负向调节了合同治理力度对服从的正向影响作用。

Davies 等（2011）区分了基于能力和基于善意的两种信任，并检查了这两种信任与服从的关系，实证结果证实了这两种信任以及总信任都能促进服从行为。

除上述前置变量外，学者们还发现了渠道士气（Morale）和沟通水平对服从的影响作用。当一方认为双方观点存在一致性并对对方行为高度满意时，其合作行为增加（John，1984；Brill，1994）；基于虚拟网络的横向沟通水平也提高了服从的可能性（Dickey，2003）。

综上所述，权力与服从之间的关系至今尚无定论，且又有研究发现弱势方的服从与其在强势方行使权力的过程中自身受控制的感受相关，因此本书认为权力可能并不直接影响服从，直接影响服从的应是弱势方对强势方权力行使合法性的感知，即权力合法性。回顾现有文献，虽然 Grewal 和 Dharwadkar（2002）与李新建等（2012）曾经对合法性与服从和机会主义行为之间的关系进行过讨论，但其研究视角以及对合法性的分类都与本书有较大的不同。

二、机会主义行为的相关研究

（一）机会主义行为的含义

机会主义行为（Opportunism）原本是一个政治学概念，1975 年 Williamson 将这一概念引入经济学范畴，意指在背地里用不正当的手段追求自身利益（Self-interest Seeking）的行为，这里的不正当手段指的是撒谎、偷窃、欺骗，故意提供不完整或有误的信息误导、扰乱他人以及其他迷惑对方的隐蔽手段（Williamson，1985）。在交易成本经济学中，机会主义行为是人类行为的基础假定之一：人都是逐利性的，只要有机会且有利可图，其就会寻求私利。这一假定与经济学中经典的"自利"假定一脉相承，唯一的区别在于前者强调"狡诈"（Williamson，1979），结果往往是"损人利己"的。Williamson（1975）的观点引发了后续的组织理论和营销渠道研究对机会主义行为的关注，但同时也饱受争议（Williamson，1993；Hodgson，2004）。

争议之一在于，当机会主义行为作为人类行为的基础假定时，是否意味着每一个经济人总是会体现出"狡诈的""自利倾向"？对此，Williamson（1979）解释道："这并不意味着人们都应该被看成是具有同等程度的机会主义特征的。有些人会比其他人有更少的机会主义行为，因此很难在事前被发现。"① 随后，Williamson（1993）又特别指出，"我将机会主义行为与有限理性并称（为两个基础假定）并不意味着我认为经济活动中的代理人总是在从事机会主义行为"②，这受到两个因素影响，一是代理人的社会化程度，二是治理结构，它们都在某种程度上减轻了代理人做出机会主义行为的可能。对此，Maitland 等（1985）给出评论："机会主义既不是无所不在但又并非无迹可寻。"③ 这也正是本书的观点。

争议之二在于，当机会主义行为作为人类行为的基础假定时，是否意味着它是一个外生变量？Williamson（1975）以机会主义行为为外生变量，关注随之而来的合约风险结果以及如何采取措施遏制机会主义行为。然而，John（1984）对此提出疑问："在长期关系中，为什么明明有很多机会可以利用但关系成员的机会主义行为仍不是随处可见呢？"④ John 认为机会主义行为是一个内生变量，受到许多前置变量的制约与影响，如关系约束及态度等。John 的研究推动了后来的学者们对机会主义行为影响因素的研究，下文将对此进行回顾。

争议之三在于，Williamson（1975）将机会主义行为看成是对明确合同规定的违反（这后来被称为公然的机会主义行为），然而正式合同在组织间关系中所起到的作用是相当有限的，组织间关系更多地受到一系列社会规范（如道德标准）和非正式协议（如心理契约和口头契约等）的约束，那么，出于自利倾向，采用某种"狡诈的"手段违反诸如此类的非正式合同是否属于机会主义行为的范畴？1991 年，Williamson 针对上述问题修正了对机会主义行为的原有定义，用合法的机会主义行为这一概念对上述违反社会规范和非正式协议的行为进行概

---

① Williamson O E. Transaction-cost economics: The governance of contractual relations [J]. Journal of Law and Economics, 1979, 22（2）: 234.

② 括号内为本书所加内容，原文见：Williamson O E. Opportunism and its critics [J]. Managerial and Decision Economics, 1993, 14（2）: 98.

③ Maitland I, Bryson J, Van de Ven A. Sociologists, economists, and Opportunism [J]. Academy of Management Review, 1985, 10（1）: 64.

④ John G. An empirical investigation of some antecedents of opportunism in a marketing channel [J]. Journal of Marketing Research, 1984, 21（3）: 278.

括。本书基于 Williamson（1975，1991）的观点，采用广义的机会主义行为概念，即将违反正式合同、社会规范以及非正式协议等的行为均纳入机会主义行为范畴中。

综上所述，本书选择广义内涵，将弱势方的机会主义行为定义为"在背地里用不正当的手段追求自身利益的行为，包括违反正式合同、社会规范以及非正式协议的行为"，同时认为机会主义行为是一个内生变量，其水平受到其他变量的影响。

（二）机会主义行为的分类

机会主义行为是组织关系研究中的重要变量，学者们以不同的视角对机会主义行为进行了分类，主要类别如下：

1. 公然的（Blatant）和合法的（Lawful）机会主义行为

依据所违反的合同类型，Willismson（1975，1991）将机会主义行为区分为公然的机会主义行为和合法的机会主义行为。Wathne 和 Heide（2000）将公然的机会主义行为和合法的机会主义行为分别看成是对人类行为的强假定和弱假定。Luo（2006）进一步将这两种机会主义行为命名为强形式与弱形式的机会主义行为。相比较而言，强形式的机会主义行为具有更易被发现、可测量以及更容易弥补损失的特性，而且对合作关系会造成较严重的负面影响，而弱形式的机会主义行为的特性与强形式的机会主义行为相反，对合作关系的负面影响虽然较弱但持续更为长久（Luo，2006）。

2. 事先的和事后的机会主义行为

以建立实际的合作关系为界，机会主义行为可以被分为事先的和事后的（Wang et al.，2013），分别对应于代理理论中的道德风险和逆向选择问题（费方域，1996；徐二明、张欣，2008）[①]。在实际的合作关系建立之前，由于信息不对称，企业在挑选渠道合作伙伴时会有"逆向选择"的可能性，由此产生的机会主义行为即事先的机会主义行为。在实际的合作关系建立后，不完全的合同使某方不承受行动的全部后果，同时行为的不确定性体现为监督成本过高或者无法监督，这时会出现"道德风险"问题，如串货、剽窃关键技术等，这样的行为被称为事后的机会主义行为。符加林（2007）进一步将事后的机会主义行为区分

---

① 费方域（1996）认为，代理理论使用"道德风险"和"代理成本"的概念，而不是用机会主义行为这个名词，但这两者的行为假设是相同的，因此两者的机会集基本相同，所指的含义是统一的。

为道德风险的机会主义行为和"敲竹杠"的机会主义行为，前者与上述事后的机会主义行为的定义相同，而后者特指一方在对方面临因交易专用性资产被"锁定"而导致关系退出障碍过高的困境时，用狡诈的手段肆意为自己攫取最大利益的机会主义行为。

3. 主动的和被动的机会主义行为

基于不同的行为类型，Williamson（1975）将机会主义行为分为主动的机会主义行为和被动的机会主义行为，前者是指主动地采取某种狡诈的手段违背合同为自己谋利；而后者指的是对合同规定的自身应该承担的责任视而不见和不作为，从而避免某些支出以增加自己的收益。Rousseau（1995）分别用机会主义行为和忽视（Negligence）来描述上述两种类型。Wathne 和 Heide（2000）在此基础上考虑了行为对动态环境的适应，将上述两种机会主义行为扩展为四种：①违反正式合同、社会规范和非正式契约；②在环境发生变化时强迫对方重新谈判；③逃避责任和义务；④在环境发生变化时拒绝调整。其中，前两种属于主动的机会主义行为；后两种属于被动的机会主义行为。

在营销渠道研究中，上述机会主义行为外在表现为公然违反渠道正式契约、伪造成本费用报告、明明不具备某些资质和能力却隐瞒信息与对方签订渠道协议、"挂羊头卖狗肉"（展示的商品与实际交付的商品不一致，英文称之为"Bait-and-Switch"）、不按事先确定的质量标准采购和供货以及不执行所规定的质量程序、不按契约要求配合促销活动、串货、侵占合作对手资源等（Das and Teng，1998；Wathne and Heide，2000）。

（三）机会主义行为的前置变量

正如前文所说，机会主义行为不是一个外生变量，它因治理结构、社会规范等的不同而表现出不同水平的差异（Williamson，1993）。John（1984）开始研究机会主义的前置变量，之后该视角的研究逐渐增多，形成了丰富的研究成果。2008 年，Crosno 和 Dahlstrom 在分析机会主义行为的成因时分别从制度经济学、资源依赖、行为研究以及关系契约四个理论视角对前人的研究进行总结和分析。本书基于这四个理论视角对机会主义行为的前置变量进行理论梳理。

1. 制度经济学

制度经济学包括两种相互联系的理论，即交易成本理论（Williamson，1975，1985）和代理理论（Basu et al.，1985）。交易成本理论关注如何设计治理结构以促进交易行为，而与其类似地，代理理论关注在给定的交易对象特征以及环境约束下契约安排的有效性问题。

交易成本理论认为交易专用性资产投资（Transaction Specific Investments, TSIs）① 和不确定性是影响机会主义行为的重要因素：对于高 TSIs 的一方来说，由于他们不能在毫无损失的情况下中断合作关系，所以 TSIs 水平正向影响该方在合作关系中的保留意愿，而负向影响该方的机会主义行为（Joshi and Stump, 1999；Brown et al.，2000；高维和，2007）。而关系中 TSIs 较低的另一方则有以对方的 TSIs 为质而行使机会主义行为的可能（"敲竹杠"的机会主义行为）以及侵占对方 TSIs 的可能，因此可以说，一方的 TSIs 水平正向影响另一方的机会主义行为。Crosno 和 Dahlstrom（2008）元分析的结果部分证实了上述推断：随着一方对关系专用性资产投入的增加，其所感知到的对方机会主义行为在上升；但是对自我报告的机会主义行为② 无影响，这可能是由社会期望偏差（Social Desirability Bias）所导致的。相对于真实的机会主义行为程度，自我报告的机会主义行为的数值会较低，所观察的效应则较弱（Jap and Anderson，2003）。

代理理论和交易成本理论都强调不确定性（Uncertainty）对机会主义行为的影响，包括环境的和行为的不确定性。环境的不确定性又称外部不确定性，指的是在与交易相关的决策环境中存在大量且不可预知的偶然事件，这些偶然事件无法预测，或者预测以及预防的代价过高（Williamson，1975；Heide，1994）。由于环境的不确定性，双方在交易之初所制定的合同必然是不完全的③，体现为合同对交易各方权利义务的界定模糊不清，尤其是在环境发生变化时更是如此，由此，机会主义行为发生的可能性就会提高（Kashyap et al.，2012）。行为的不确定性又称内部不确定性，指的是交易中一方难以去评估交易伙伴的绩效，这导致

---

① 专用性投资指的是渠道成员对营建不能用于其他制造商/分销商的资产而投入的努力。对于分销商来说，这样的投资可能包括专门培训某一制造商服务的人员、为制造商的产品销售而专门设计和应用一种订单处理系统等；对于制造商来说，这可能还包括在最终的消费者心中建立制造商与分销商的联合形象等（Anderson and Weitz，1992）。

② 感知的对方机会主义行为（Partner-based Opportunism）指的是信息方对对方采取机会主义行为程度的感知，其测量语句如"有些时候，供应商会对某些事情撒谎以维护他们自己的利益"；自我报告的机会主义行为（Self-reported Opportunism）指的是信息方报告自身的机会主义倾向，其测量语句如"有时，我不得不稍稍修改一下数据来达到自己的目的"。

③ "合同不完全"的含义有三：第一，合同不能提前预见所有的偶然性事件；第二，合同不可能涵盖交易的所有方面；第三，合同不可能证实一切（费方域，1996）。

该方很难确定该伙伴是否真正地履行了合同（Williamson，1975；Heide，1994）。代理理论认为，行为不确定性反映了交易双方在一方绩效评估上的信息不对称，它增强了代理人推卸责任的可能性（Bergen et al.，1992）。交易成本理论也认为，如果一方很难评断对方是否真正遵守协议，那么这样的行为不确定性就会增加后者行使机会主义行为的可能性（Heide，1994）。由此来看，行为和环境不确定性都正向影响机会主义行为（包括感知的对方的机会主义行为和自我报告的机会主义行为）（Crosno and Dahlstrom，2008）。

2. 资源依赖

基于社会交换理论早期的研究成果，资源依赖理论将组织间关系治理看成是对外部不确定性和依赖的策略性反应（Pfeffer and Salancik，1978）。其基本假设是：没有一个组织能自给自足关键性资源①，这种非自足的资源状态引发了组织对该资源流不在自身控制之中所导致的不确定性的忧虑；组织对其外部环境中可提供该资源的其他组织的依赖，这种依赖程度与组织对该资源的需求正相关，而与从其他替代者处获取到相同资源的可能性负相关（Heide，1994）。相对应地，渠道关系中 A 对 B 的依赖程度依赖于三方面因素：上述资源的重要程度、该组织对这些资源的兴趣以及这些资源可通过其他渠道获取的可能性。

在对称的依赖结构②中，交易双方都掌握着部分对方所需的关键性资源，都能从长期的交易关系中受益。这为双方采取积极行动以维持交易关系提供了足够的刺激，因此双方都展露出较高的容忍度或对环境的灵活反应（Heide，1994）。同时，彼此之间势均力敌的防卫系统对任何一方可能存在的机会主义行为都有事前的震慑作用，因此双方都会尽量避免可能引发冲突的行为，包括机会主义行为（Lusch and Brown，1996）。

而在不对称的依赖结构中，依赖较少的一方（强势方）③ 会利用资源优势"剥削"另外一方，有受短期利益诱惑而致的机会主义倾向（Heide，1994），如强迫对方签订霸王条款、公然违反协议、侵占对方资源等。另外，即使强势方并没有做出任何实际的"剥削"行为，但处于不对称的依赖结构中这一事实本身

---

① 如稀缺的原材料、紧俏的产品、信息、人才以及专门的营销功能等。
② 关于对称依赖结构与非对称依赖结构的概念界定前文已经进行了介绍，虽然权力和依赖并非完全等同，但本书采纳大多数研究的观点，仍认为对称/非对称依赖结构与对称/非对称权力结构的内涵相同。
③ 根据权力和依赖之间的对等关系，依赖较少的一方即是权力较多的一方，即前文中所提到的强势方。

就会使弱势方更容易感知强势方的机会主义行为（任星耀等，2009），并进而产生报复性的机会主义行为倾向。但部分研究得出了与之相反的结论，例如 Joshi 和 Arnold（1997）、Joshi 和 Stump（1999）以及 Crosno 和 Dahlstrom（2008）就发现处于非对称性权力结构关系中的弱势方会约束自己的行为，从而体现出较低的机会主义行为倾向。那么，究竟非对称性权力结构对弱势方的机会主义行为有怎样的影响？上述研究并未能给予我们一致且清晰的回答。

3. 行为研究

行为研究关注如何设计层级结构以获取所期望的结果、使投资安全化以及最小化机会主义行为。层级结构的三个维度是正式化、集权化和控制（包括规则推行和监督）。

正式化（Formalization）旨在将一切规则和程序用正式的形式固定下来，强调正式合同而非私人关系在双方交易中的重要性（Dwyer and Oh，1987），试图通过交易公开化、正式化的方式降低双方的交易障碍以限制机会主义行为。集权化（Centralization）是指渠道领袖（强势方）将交易过程完全纳入自己统治之下，一切政令皆由其制定（Dwyer and Oh，1987），通过限制对方（弱势方）的行为酌处权以达到克制对方机会主义行为的目的。规则执行（Rule Enforcement）是指对于那些违反合同所规定的义务的行为进行严厉惩戒（Kashyap et al.，2012），通过纠偏某些成员的不当行为并对其他成员"杀鸡儆猴"来减少机会主义行为（Antia et al.，2006）。监督（Surveillance）是通过降低双方之间的信息不对称程度来限制机会主义行为（Wathne and Heide，2000）。

但是，上述因素对机会主义行为的影响如何尚不明朗。John（1984）证实弱势方对关系正式化、集权化和控制程度的感知正向影响其机会主义行为。Heide 等（2007）将监督区分为结果监督和行为监督，发现结果监督负向影响机会主义行为而行为监督正向影响机会主义行为。Kashyap 等（2012）的研究没有证实结果监督、行为监督和规则执行各自对机会主义行为的影响效应，但发现当将上述三种控制机制两两联合使用时，机会主义行为会受到遏制。Gilliand 和 Manning（2002）将控制分为正式控制和非正式控制，认为正式控制会激发机会主义行为，而非正式控制会负向影响机会主义行为。Crosno 和 Dahlstrom（2008）元分析结果说明，弱势方对关系中正式化程度的感知负向影响其对强势方机会主义的感知，而对关系中集权化监督程度的感知正向影响其对强势方机会主义的感知。另外，弱势方对关系中正式化程度的感知与自我报告的机会主义行为无关，对集权化和控制程度的感知正向影响自己报告的机会主义行为。上述研究都说明了弱势方的机会主义行为可能会受到强势方监督和控制方式的影响，更确切地说，是会受到弱势方对这一监督和控制方式的感知的影响，但就具体的影响方向而言，上述研究并未达成一致结论。

4. 关系契约

关系契约理论（Relational Contracting Theory）认为交易关系所处的社会情境影响交易发生的方式（Macneil，1980）。组织间交易都是发生在特定的社会关系中，交易中的各方被期望能遵循某些特定的行为模式（Rousseau，1995），这些行为模式代表了某一类被交易各方广泛认同的规范（Ness and Haugland，2005）。规范（Norms）指的是"一种被某个群体认定的正确处事的原则，它约束着群体中所有成员的行为，以及指导、控制和调整其行为向适宜的、可接受的行为转变"①。在中国社会中，礼与礼貌、人情法则与面子等构成了独特的社会规范（庄贵军，2012）。

规范在交易过程中有着重要的协调作用。当所有渠道系统的成员都采用某种群体规范来指引与约束自身的社会化行动时，各成员的关注点就从单个组织绩效转到共同的系统利益从而减少机会主义行为（Rokkan et al.，2003）。也就是说，由于交易中的各方成员是基于某种已内化的价值观进行自我约束与自我控制的（Heide，1994），因此各方实行机会主义行为的可能性降低。规范对机会主义行为的抑制作用在众多实证研究中都得到了证实，如 Gundlach 等（1995）、Joshi 和 Arnold（1997）、Achrol 和 Gundlach（1999）、Joshi 和 Stump（1999）、Brown 等（2000）、Crosno 和 Dahlstrom（2008）。

三、服从、机会主义行为和合作的关系

一些学者将合作（Cooperation）简单地看成是与机会主义行为相对的一个概念（Brill，1994；Das and Teng，1998），但却未具体描述其对应关系。1971年，Stern 使用以目标为中心和以对手为中心两个标准对合作、竞争和冲突进行

---

① Macneil I R. The New Social Contract［M］. New Haven：Yale University Press，1980：38.

了概念上的区分①。本书借鉴其分析思路，认为合作是同时以目标和合作对手为中心的行为集合，其特征是共同目标和联合行动，它意味着"要抑制自我为中心的行为驱动"②（Stern，1971），而机会主义行为则是以自我为中心的行为集合，在集体目标之外追求个人目标和私人利益的最大化，与合作的定义背道而驰。

关于合作和服从③的关系，Hewett 和 Bearden（2001）认为两者是相互独立的变量，区别在于前者是积极主动的而后者是被动回应的。但是，按照上文对合作特点的描述，本书发现弱势方的服从与其具有类似的特点，都以目标和合作对手（强势方）为中心。一些学者也支持服从和合作是相包容的这一看法，如 Kasulis 和 Spekman（1980）就认为，如果将合作按水平高低分为三个层次，那么服从就是最低水平的合作形式。因此，本书认为服从是合作行为的一种，是一种基于弱势方角度的低水平合作。

基于以上分析本书认为，服从和机会主义行为是两个意义相反的概念，服从体现了弱势方配合强势方行动和遵循强势方要求的努力程度，而机会主义行为则是弱势方为实现个人目标和私人利益的最大化，不惜通过狡诈的手段违反正式合同、社会规范以及非正式协议的行为。

需要注意的是，服从和机会主义行为意义相反，但却是两个相独立的变量（Gilliand and Manning，2002；Kashyap et al.，2012）：当服从意愿高时，并不意味着低的机会主义行为倾向。例如，弱势方可以一边在明面上按照强势方的要求办事，另一边在暗地里投机取巧以为自己获利。现实中，人们将这样的行为称为"阳奉阴违"。另外，低服从也可能是源于自身能力不足以按照强势方要求行事，或受外部环境的限制无法按照强势方要求行事，这也并不意味着弱势方会出现高机会主义行为倾向。但上述这两个研究只是在逻辑上推导了服从和机会主义作为

---

① 以目标为中心（object-centered）指的是"竭心尽力地去追求某个目标，而这个目标也正是竞争对手所追求的"。Stern（1971）认为合作行为同时以目标和合作对手为中心（collaborator-centered），是基于共同目标和联合行动的行为集合；冲突是以敌对对手为中心（opponent-centered），旨在阻挠、伤害和摧毁对手；竞争是以目标为中心，与许多竞争对手争夺同一个目标的行为，但并不以打败某个竞争对手为任务核心。

② 原文是"Cooperation always implies inhibition of certain ego-centered drives"，参见：Stern L W. Antitrust implications of a sociological interpretation of competition, conflict, and cooperation in the marketplace [J]. The Antitrust Bulletin, 1971（16）：515.

③ 在本书中，服从指的是"为了维持现有关系，弱势方公开显露地主动遵守强势方所制定的规则、程序、要求及命令等的行为"。

独立变量的可能，并将其并列作为模型的结果变量，而并未验证服从和机会主义行为之间的关系。

第三节　营销渠道中信任与不信任的相关研究

一、信任的含义与分类

（一）信任的含义

在社会学、经济学和管理学领域，学者们长期关注信任在社会关系中所起的重要作用，因为"没有哪个变量能如信任这般对人际行为和群体行为有如此重要的影响"①。信任正向地促进了合作，降低了关系中的不确定性（Morgan and Hunt，1994），同时也是关系质量衡量的重要指标（Dwyer and Oh，1987；张涛等，2010），因此，它一直是组织间关系研究领域的焦点。

学者们依据自身的学科背景对信任展开研究，如经济学学者们更关注信任中的相对理性和算计成分，心理学家则倾向于辨析易产生信任的个体所具备的特性，而在社会学领域，学者们从社会关系的嵌入性或合法性视角出发，认为是社会性动机而不仅是纯粹的资源获取动机驱动了信任行为（Lewicki and Bunker，1996）。虽然研究者的学科背景、研究焦点不同，但就信任的含义而言，研究者在以下方面达成了共识。

1. 关于"期望"的表达

交易关系中，一方的某些行为（例如是否能按期保质地供应货物、是否能够遵守之前约定的专卖条款等）会对另一方的绩效乃至整个关系质量造成严重影响，而如果后者认为前者在上述事情上的行为是可以预测的，并且一定是对己有利的，这种正面的期望即是信任（Moorman et al.，1993；Mayer et al.，1995；

---

① 此句出自 Golembiewski 和 McConkie（1975），该文收录于 1975 年由 Cooper 编著的 *The Centrality of Interpersonal Trust in Group Processes* 一书中，原句在书中第 131 页。笔者未能找到原文，此处是转引自：Andaleeb S S. Dependence relations and the moderating role of trust: Implications for behavioral intentions in marketing channels [J]. International Journal of Research in Marketing，1995，12（2）：158.

Rousseau et al. ，1998）。这种期望往往源于信任方[①]的"对方是可靠的，是正直诚实的"信念（Morgan and Hunt，1994）。因此，希望、信心以及有保证被认为是高信任的重要特点（Cho，2006）。

2. 关于"易受攻击性"的表达

信任的产生源于对被信任方抱有正面的期望和信心，然而由于行为存在不确定性和有限理性，所以信任方实际上无法真正确定被信任者在未来是否真的可以像自己所期望的那样正面行事，尤其是在无法有效监督和控制被信任方行为的情况下。因此，信任实际上是一种对自身易受攻击性（Vulnerability）的风险感知，这是信任定义中最为关键的成分（Barney and Hansen，1994）。某人易受攻击意味着他有失去某些重要之物的风险；而使某人易受攻击就意味着让他去冒险。信任本身并不是冒险，而是一种冒险的意愿；正因为对被信任方抱有正面的期望和信心，信任方才敢于和愿意在无法监督和控制被信任方的情况下将自己置于易受攻击的状态下（Mayer et al. ，1995）。所以，当一方选择去信任另一方时，就需要进行"信任的一跃"，即在"命悬于他人之手"的风险状态下对被信任方的可信任程度"赌一把"，不考虑那些不利的可能而只考虑对方会正面行事的可能（简化了决策树），此时，那些无法降低的不确定性和易受攻击性暂时不被考虑（McAllister，1995；Van de Walle and Six，2014）。因此，信任常被看成是解决不确定性问题的重要机制（Luhmann，1979；Bachmann，2001）。

现有研究对信任的界定都包含上述两个关键成分，如 Rousseau 等（1998）认为信任是由于对被信任方的意向或行为抱有正面的期望因此放心地将自己的脆弱地带暴露于其前的心理状态，而 Mayer 等（1995）认为信任是信任方愿意将自己置身于易受被信任方的行为所伤害的境地的行为意愿，该意愿是基于对被信任方会实施对于信任方而言是重要的特定行为的期望，而不考虑自身是否有能力来监督或控制被信任方。基于上述观点，本书将弱势方对强势方的信任界定为，由于对强势方的意向或行为抱有正面的期望因此可以放心地将自己的脆弱地带暴露于人前的心理状态。

---

① 为了论述方便，本书基于 Mayer 等（1995）的做法，将信任关系中的行为人简化为两种：信任方和被信任方，信任指的是前者对后者的信任。当然，这并不意味着本书排除了在信任关系中第三方所可能起到的作用以及相互信任的存在可能。

（二）信任的分类

基于信任的概念含义、维度、层次等标准，可将信任分为不同的类型。表 2-3 是以时间先后为序，对现有文献中的信任分类进行的总结。

表 2-3 信任的分类

研究文献	分类的依据	具体分类
Zucker（1986）	信任是基于被信任方的特征，还是基于交往过程，抑或基于制度而产生的	基于过程的（Process-based）信任 基于特征的（Characteristics-based）信任 基于制度（Institutional-based）的信任
Barney 和 Hansen（1994）	易受攻击性被利用的可能性的高低	弱形式（Weak Form）信任 半强形式（Semi-strong Form）信任 强形式（Strong Form）信任
Lewicki 和 Bunker（1996）	信任来源于对对方背叛的收益成本的理性算计、共同的思考方式，还是共同的价值观	基于算计的（Calculus-based）信任 基于了解的（Knowledge-based）信任 基于认同的（Identification-based）信任
McAllister（1995）	信任是源于对对方的充分了解还是基于感情纽带	基于认知的（Cognition-based）信任 基于情感的（Affect-based）信任
Nooteboom（1996）①	善意是出于对道德情感的考虑还是出于自利动机	非自利性（Non-self-interested）信任 有意性（Intentional）信任
Ring（1996）	是否与风险相关	脆弱的（Fragile）信任 弹性的（Resilient）信任
Sako（1998）	信任是源于契约、能力还是善意	合同（Contractual）信任 能力（Competence）信任 善意（Goodwill）信任
Rousseau 等（1998）	信任是源于制度、算计还是与被信任方的个人关系	算计（Calculative）信任 关系（Relational）信任 制度（Institutional）信任 威慑（Deterrance）信任②
Kramer（1999）	信任的基础	意向性（Dispositional）信任 基于历史的（History-based）信任 源于第三方的（Third Parties as Conduits of Trust）信任 基于群体类别的（Category-based）信任 基于角色的（Role-based）信任 基于规则的（Rule-based）信任
McKnight 和 Chervany（2001）	信任的概念类型	意向性信任（Disposition to Trust） 基于制度的（Institution-based）信任 信任信念（Trusting Belief） 信任倾向（Trusting Intentions） 与信任相关的行为（Trust-related Behavior）

续表

研究文献	分类的依据	具体分类
Fang 等（2008）	联合企业中不同层次的信任	母公司之间的（Interorganizational）信任 母公司对子公司（Agency）的信任 子公司内部不同合作方之间（Intraentity）的信任
Schoorman 等（2007）	信任是源于对方的能力还是正直	信心是源于对方的能力 善意还是正直/能力（Competence）信任 善意（Benevolence）信任 正直（Integrity）信任

注：①Nooteboom（1996）首先将信任分为能力信任与善意（Goodwill）信任，并对善意信任进行分类，此处的信任指的是善意信任。②威慑信任与前三种不同，Rousseau 等（1998）认为其并不能算是真正的信任，而是一种低的不信任（Distrust）。

资料来源：笔者根据相关研究整理而成。

其中，较具代表性的分类观点有：

1. 弱形式信任、半强形式信任和强形式信任

Barney 和 Hansen（1994）认为易受攻击性是信任存在的核心要素，根据易受攻击性被利用的可能性高低，他们将信任分为弱形式、半强形式和强形式三种。弱形式信任意味着关系中的各方相信自己没有明显的弱点可被对方利用来损害自己的利益，此时即使没有完善的合同及其他治理机制，也没有被广泛接受的行为规范，也会产生高度的弱形式信任①。不同于弱形式信任仅在高度竞争的市场中存在，半强形式信任在大多数的经济交易中都可见到。当关系中的各方存在明显的易受攻击性时，各方希望通过各种治理机制去保护自己免受对方机会主义行为的侵害。治理机制加大了某方利用对方弱点行使机会主义行为的成本，使其得不偿失，由此迫使该成员约束自己行为。由此来看，半强形式信任与其说是对对方行为的信任，不如说是对治理机制的信任，它在信任的形成过程中类似于算计信任（Lewicki and Bunker，1996；Rousseau et al.，1998）。当关系中的各方都面临极高的易受攻击性时，只要存在有一系列原则和行为标准能够引领和限制各成员的行为，彼此之间也会形成信任，这就是强形式信任，又称为原则性（Principled）信任。强形式信任多产生于具有高度嵌入性质（High Embedded-

① 弱形式信任并不等同于低度信任（Low Trust），前者是一种信任的类型，而后者反映信任的水平。

ness）的交易关系中，它更多地具有外生性特点（相反地，弱形式信任具有内生性特点）。

2. 基于算计的信任、基于了解的信任和基于认同的信任

Lewicki 和 Bunker（1996）根据信任方的信心产生过程将信任分为基于算计的、基于了解的和基于认同的信任三种类型。当信任方有足够的理由相信被信任方从事信任破坏行为所产生的收益远远小于成本时，其对被信任方从事的行为产生正向的期望即是基于算计的信任。为确保信任方得到充足证据以预测被信任方的行为后果，在基于算计的信任形成的过程中，行为监督和结果监督是必要且关键的。基于了解的信任指的是，通过持续的沟通和交往，信任方充分了解被信任方的交易历史和良好声誉，根据行为的延续性特点，信任方有信心相信被信任方在今后也会展现出正面的行为倾向。基于认同的信任源于关系中的各方对彼此期望和意向的认同——他们彼此理解和领会对方的需求，并能有效地互相满足。相较于前两种信任而言，基于认同的信任能更有效地促进合作。

Lewicki 和 Bunker（1996）所提出的"基于算计的信任"在 Rousseau 等（1998）的研究中被另称为威慑信任。Rousseau 等（1998）认为，威慑信任实际上不能算是真正的信任，而应该是一种低的不信任；真正的算计信任应该指的是信任方基于理性认知选择相信对方，因为信任方有充足的证据证实被信任方在未来确实会按其所宣称的那样行事，并且这对信任方本身也是有利的。这一概念拓宽了原有的基于算计的信任的内涵。

3. 基于认知的信任和基于情感的信任

McAllister（1995）认为信任是分别建立在认知基础和情感基础上的，并据此区分出了基于认知的和基于情感的信任。信任的认知基础强调在充足信息之上的理性决策，信任是因为有"好的理由"。信任的情感基础强调人际之间的情感连带，信任常常源于己方的情感投入以及对被信任方会同样回报的正面期待。基于情感的信任和关系信任（Rousseau et al.，1998）以及基于了解的信任（Lewicki and Bunker，1996）是内涵极为接近的概念（Rousseau et al.，1998）。

4. 非自利性信任和有意性信任

Nooteboom（1996）根据信任是否能与自利导向兼容这一标准，区别出信任的两个层次。一个是非自利性信任，即信任方相信被信任方由于受到社会伦理或是亲密社会关系的约束，即使是没有强迫手段也没有直接的物质利益引诱，也一

定会做出某种信任方所期待的行为。这种信任的基础是不受自利导向所"污染"的纯粹好意。然而，经济交往中的一方也可能是基于自利导向而有意地去相信对方的好意，以期后者可以用相等的方式回报以降低交往中的不确定性并最终获利，这种被称为有意性信任。

对于有意性（善意）信任，Bachmann（2001）也表达了同 Nooteboom（1996）一样的看法，他认为，有些时候信任只不过是强势方用来获取弱势方合作的权谋工具，是一种促使弱势方的行为处于资本控制之下的手段。通过有意地信任对方，强势方将环境中的不确定性最小化并将风险转嫁给了弱势方。权力的非对称性程度越高，强势方就越趋于"信任"其商业合作伙伴（弱势方）。对此，Burt 和 Knez（1995）评论说，信任不过就是为了"预期的合作"，"这个议题与道德无关，它就是办公室政治"①。

5. 能力信任、善意信任和正直信任

信任的形成是对被信任方是否能够（能力）、是否会（正直）以及是否愿意（善意）依信任方的期望行事的判断过程（Schoorman et al.，2007）②。能力（Ability）③ 指的是一些技术、专能和特质，被信任方据此可以在某个领域拥有影响力；正直（Integrity）是被信任方能够始终如一地坚持某些原则，而这些原则也被信任方认可；善意（Benevolence）④ 反映了信任方相信被信任方能够克服以自我为中心的自利动机，全心全意为信任方着想的程度，它暗示着被信任方对信任方存在情感上的依恋（Mayer et al.，1995）。能力信任、善意信任和正直信任是信任研究中最常见的分类。

在信任具体包括哪些类别方面，研究者的意见稍有不同。例如，Sako（1992）和 Nooteboom（1996）将信任分为能力信任和善意信任，而 McKnight 等（2002）又在上述三个分类之外加上了可预测性（Predictability）。

---

① 笔者未能找到原文，此句转引自：Kramer R M. Trust and distrust in organizations：Emerging perspectives，enduring questions ［J］. Annual Review of Psychology，1999（50）：571.

② 实际上，现有研究对这一问题的处理方式不同：一些研究者将其看成是信任的维度（Sako，1998；McKnight and Chervany，2001；Davies et al.，2011），并据此对信任进行分类，而另一些研究者倾向于将其看成是信任/不信任的前置变量（Moorman，Deshpandé and zaltman，1993；McAllister，1995；Mayer et al.，1995；Cho，2006；Conchie，Taylor and Charlton，2011；Lee，Lee and Tan，2015）。

③ 很多学者也用 Competence、Perceived Expertise 等术语描述能力，如 Sako（1992）、Moorman 等（1993）等，但这些术语之间的差别不大，几乎可以算是同义的（Mayer et al.，1995）。

④ 善意也常用 Goodwill、Perceived Sincerity 等术语表示。

针对这一意见不统一的情况，Schoorman 等（2007）认为应该考虑信任的分析层次这一要素再做区分。人际间的信任研究应该完整地考虑能力、善意和正直三个方面；而在组织间的交易关系中，自利导向是基本行为假设，虽然不排除会出现额外契约行为（Extra-contractual Behavior）① 的可能，但却很难相信组织（除慈善机构外）真的会倾向于在交易中将交易伙伴的利益置于自己的利益至上，全心全意为对方考虑。由此，Schoorman 等（2007）认为，在组织间的交易关系中，善意的重要性微乎其微，可以忽略不计，只保留能力和正直两部分，Davies 等（201_）接受和采纳了这一观点。

二、信任与不信任的关系

（一）不信任的相关研究

在早期研究信任的文献中，信任和不信任被看成是一段线段的两端，它们之间只有信任量的差别，高的不信任就是低的信任（Rotter，1971），而正向影响信任的因素必然会同等地负向影响不信任（Tardy，1988）。基于这一观点，不信任迟迟无法引起学术界的关注，与之相关的研究零星地散落在信任文献中。

对不信任的专门研究始于 20 世纪 90 年代。1993 年，Sitkin 和 Roth 区别了被损害的信任和不信任之间的差异，认为它们虽然都源于被信任方② 的行为不能达到信任方所希望的结果，但被损害的信任是信任方在认为被信任方在某件具体任务中的行为（结果）无法达到其期望水平时所产生的心理状态，而不信任是信任方在认为被信任方无法在普遍价值观上与己达成一致时所产生的心理状态。换句话说，信任降低是源于被信任方在具体任务中的不可依靠性，而不信任是因为信任方无法认同被信任方的价值观。Sitkin 和 Roth（1993）认为，正式化机制③只能挽回与具体任务相关的信任，而对不信任的补救毫无用处。

---

① 额外契约行为指的是组织关系中的一方自发地做出在契约要求之外且不受到正式报酬制度所激励的行为。这一概念与组织公民行为（Organizational Citizenship Behavior，OCB）相类似，只不过后者发生在同一组织内部。关于额外契约行为的研究见：Narayandas D，Rangan V K. Building and Sustaining Buyer-seller Relationships in Mature Industrial Markets [J]. Journal of Marketing，2004，68：63-77.

② 在分析不信任时，为方便表述和保持上下文用语一致，本书仍然采用"信任方"和"被信任方"的表达，但实际上应该是"不信任方"和"不被信任方"。

③ 原文是"Legalistic Mechanisms"，指的是组织中正式的功能化的规则、程序、合同等，根据上下文将其译为"正式化机制"。

Lewicki 等（1998）更为具体地界定了不信任，认为不信任是信任方对被信任方的意向或行为抱有负面的期望因此对对方怀疑和戒备的心理状态，它意味着信任方认为被信任方的某些特性一定会驱动其展现出阴险且有害于己的行为意向，因此，信任方无法对被信任方产生信心但却有充分理由去担心和警惕他的行为。这一概念界定被后来研究不信任的学者广泛接受。进一步地，Lewicki 等（1998）提出三个假定：①信任和不信任不是同一个概念的高低层次，而是两个不同的变量；②它们可以共存；③它们有不同的前置变量和结果变量。这一观点为之后的研究指明了方向，后来的许多研究都力图用不同的方法证实这三个假定的正确性。

　　Lewicki 等（1998）的上述界定更多地体现了不信任的理性认知成分，而Kramer（1999）在此基础上增加了情感成分，从而使不信任的概念更加完整（McAllister，1995）。Kramer（1999）认为，怀疑是不信任在认知层面上的核心组成部分，在情感层面上不信任则体现为敌对情绪。除此之外，Kramer（1999）还对不信任的前置变量和结果变量进行了分析和总结，并认为信任与不信任之间存在非对称性，激发不信任要比建立信任更加容易。

　　McKnight 和 Chervany（2001）重申了"信任和不信任是两个不同的变量"这一观点，并基于对信任类别的划分，尝试对不信任进行分类，即不信任意向（对人性的怀疑）、制度不信任（没有结构性保证以及情境规范）、不信任信念（缺乏能力、善意、正直和可预测性）、不信任倾向（不愿意依靠对方）以及不信任相关的行为（故意扭曲信息）。郑也夫（2000）认为信任与不信任均是简化社会复杂性的重要机制，而 McKnight 和 Chervany（2001）则认为，与信任相比，不信任更适合作为解决风险问题的社会机制。

　　Marsh 和 Dibben（2005）区分了错信（Mistrust）、低信任（Untrust）、不信任和信任四个概念，认为错信是信任方的事前信任遭到背叛后所产生的心理状态，当信任方认为被信任方一定会做对己有利的事情可事实却完全相反时，错信就产生了。低信任与信任仅仅是量上的差别，是一种因对被信任方的信心不足而不愿意去冒风险的心理状态。不信任指的是信任方相信被信任方在某个情境下一定会做不利于己的事情，从而对其高度警觉的心理状态。错信、低信任、不信任和信任的关系如图 2-2 所示。

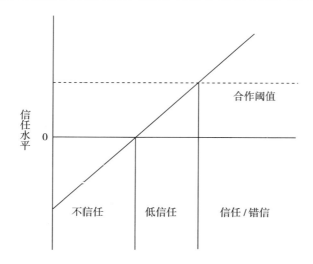

图 2-2　信任、错信、低信任和不信任的关系

资料来源：Marsh S，Dibben M R. Trust Untrust，Distrust and Mistrust－An Exploration of the Dark （er） Side ［C］// Hermann P，Issarny V，Shiu S （Eds.）. Trust Management：Third International Conference，2005.

在不信任研究持续推进的同时，也有一些学者发出了批评的声音。如 Schoorman 等（2007）在回顾他们的一篇旧作①时，坚持信任与不信任是同一概念的传统观点，并对 Lewicki 等（1998）以及 McKnight 和 Chervany（2001）的核心观点一一进行反驳。针对 Lewicki 等（1998）"信任和不信任可以共存"的观点，他们批评说，信任是带有具体情境性的，只能在某个具体任务下对被信任方的可衣赖性进行评估。诸如"你可以信任一个同事的学术研究能力，但不信任他的教学能力"此类说法，由于已涉及两个具体任务，因此并不可以就此得出"信任和不信任可以共存"这一结论。另外，他们也批评 McKnight 和 Chervany（2001）对信任和不信任的描述本身就是本质相等而且意义相反的。

但是，本书认为 Schoorman 等（2007）的批评观点有待商榷。他们的"信任

---

① 指的是1995年发表在 *Academy of Management Review* 杂志上的 *An integrative model of organizational trust* 一文。该文在信任研究领域有超高的被引用率，Schoorman 等（2007）提到这篇文章的引用率超过 1100 次（Google Scholar 数据），而截至 2017 年 4 月 5 日，该篇文章的引用率已超过 15700 次。

是带有具体情境性地对任务可依靠性的评估"的观点与 Sitkin 和 Roth（1993）对信任的看法同出一辙，而"不信任他的教学能力"中的"不信任"，并不是 Lewicki 等（1998）对不信任的界定，而更多地偏向于 Marsh 和 Dibben（2005）对"低信任"的界定，因此本书认为，Schoorman 等（2007）是在认可 Sitkin 和 Roth（1993）对信任和不信任进行区分的基础上，证明了在具体任务情境中高信任和低信任是不可以同时存在的，而这本来就是毋庸置疑的。

然而，本书却认可 Schoorman 等（2007）对 McKnight 和 Chervany（2001）的批评。McKnight 和 Chervany 被批评的部分是对信任和不信任这两个概念在五个分类下的操作性层次界定，这一部分确实存在着"本质相等而且意义相反"的问题。但本书认为，尽管如此，这也只能说明这两位作者的表述不适当，并不足以得出"信任与不信任就是一个概念"的结论。Cho（2006）在前人的基础上进一步完善了对信任与不信任的操作性层次界定，认为希望、信心以及有保证构成了高信任的组成成分；而害怕、怀疑和不看好是高不信任的特点。而就 Schoorman 等的批评而言，"希望"与"害怕"、"信心"与"怀疑"以及"有保证"与"不看好"并不是"本质相等而且意义相反"的，这一观点已被 Wrightsman（1991）所证实。

进入 21 世纪以来，学者们开始试图用实证方法证实不信任是一个不同于信任的单独存在。2003 年，Hsiao 重组了 Sitkin 和 Roth（1993）的观点，使用非结构化访谈和现场观察方法识别出任务可靠性相关的和价值相关的不信任，证实技术性手段可以降低任务可靠性相关的不信任，但无法降低价值相关的不信任。Cho（2006）基于"信任与不信任之间存在非对称性"（Kramer，1999）的判断，试图验证能力和善意对信任和不信任的影响也是不对称的，881 名被调查者的样本数据证实了他的推断。Komiak 和 Benbasat（2008）采用协议分析的方法分别对 1062 个和 947 个信任/不信任创建过程进行分析，发现信任和不信任的构建是两个不同且相互独立的过程，而且可以同时进行。能力是影响信任构建过程最重要的因素，而对个体的未知感是影响不信任构建过程最重要的因素。Dimoka（2010）同时使用行为实验和功能性神经影像法对 177 名被试者展开研究，行为实验的结果发现，信任和不信任是相独立的变量，不信任对被试者愿意给出的价格溢价有更强烈的影响，功能性神经影像分析也得出同样的结论，并发现信任（可依赖性和善意）以及不信任（不可依赖和恶意）分别是大脑中不同区域的神经系统受到刺激后的反应结果。Liu 和 Wang（2010）使用学生样本，用问卷调查方法探究信任与不信任在情绪与谈判者交易目标选择之间的中介作用，结果证实，愤怒的谈判者会由于不信任而采取竞争型导向目标，而同理心会经由信任影响谈判者的合作型导向目标。Conchie 等（2011）使用配对比较法分析发现，正直水平是影响信任和不信任最重要的变量；能力水平是影响信任的重要因素，对不信任的影响效应较小；善意水平是影响不信任的重要因素，对信任的影响效应较小。Saunders 等（2014）同时使用结构性卡片分类和个人深度访谈两种研究方法进行调查，两种方法都证实了信任和不信任是完全不相同的两种期望，并且有着不一样的表现，这为"信任与不信任是不同的变量"的论点提供了支持。另外，其研究结果部分支持了 Lewicki 等（1998）提出的分类假定，区分出强信任/无不信任、强不信任/无信任以及无信任/无不信任三种类型，而强信任/强不信任这一类型没有得到支持①。Lee 等（2015）在对韩国的 279 名消费者进行线上调查后发现，基于能力的因素是信任的前置变量，而关系影响因素是不信任的前置变量，具备能力基础且能影响关系的因素是信任和不信任共同的前置变量。

　　笔者大致整理了不信任的相关研究，按时间顺序排列如表 2-4 所示。

表 2-4　不信任的研究进展及主要观点（按时间顺序排列）

研究文献	是否是实证研究	研究方法	样本数	主要观点
Deutsch（1973）[a]	否	—	—	个体选择不信任是因为未来之路有极大的不确定性，而且这种不确定性更多地指向负面结果而非正面结果。因此，个体会更加怀疑和警惕那些已出现不好预征的事件以避免其负面结果。信任是建立在充满希望的期望之上，而不信任则是由于对未来的害怕与担心

---

　　① Saunders 等（2014）将"感知非常强烈"和"感知强烈"合并成为"强"（H）类别，将"没有感觉/不存在"归为"低"（L）类别，将"有一定程度的感觉"归为"弱"（W）类别。结果显示，在 56 名被调查者中，共有 10 名被调查者（17.86%）报告为 H-Trust/L-Distrust，11 名被调查者（19.64%）为 L-Trust/L-Distrust，7 名被调查者（12.5%）报告为 L-Trust/H-Distrust；其余有 16 名被调查者（28.57%）报告为 W-Trust/L-Distrust，11 名被调查者（19.64%）报告为 L-Trust/W-Distrust 以及 1 名被调查者（1.79%）报告为 W-Trust/W-Distrust。

续表

研究文献	是否是实证研究	研究方法	样本数	主要观点
Luhmann（1979）[a]	否	—	—	为了降低不信任，信任方需要更严密地去控制被信任方的行为以降低行为的不确定性和复杂性。不信任有时并非是个体对某个具体信任源的客观反应，而是更多地受到主观体验的影响，是一种在个体主观经验形成、传递、简化和概括之后所形成的主观态度。因此，在社会交往中，不信任本身具有内在的驱动力去促进其不断地被个体认可和再次增强，最终外显为一种破坏性的力量
Barber（1983）[a]	否	—	—	不信任是信任方对被信任方的技术能力绩效无法实现以及其所承诺的义务无法履行的理性预期。不信任可以帮助个体去识别哪些情境是特别需要保护自己的，从这个意义上讲，它是社会控制机制的替代机制，也可以发出风险信号及降低不确定性
Zucker（1986）[a]	否	—	—	一次交易中的期望破灭并不足以使个体产生不信任，不信任仅仅出现在个体开始怀疑在今后的交易中这种期望破灭的情况会反复出现之时
Sitkin 和 Roth（1993）	否	—	—	不信任是一种信念，即交易伙伴的价值观或动机将会以一种自身无法接受的方式影响交易的各个方面。他们用具体任务中的可依靠性以及价值观一致程度两个维度分析被损害的信任与不信任，认为不信任多是由成员间的价值观不一致引发的，而被损害的信任则更多是由具体任务中的不可依靠性所导致。正式化机制可以补救与可依赖性相关的不信任，而不能减少与价值相关的不信任
Lewicki 等（1998）	否	—	—	不信任是认定另一方会从事有害于己的行为的负面期望。它意味着一方对另一方某些特性的恐惧，这种特性会驱动另一方展现出阴险且有害的行为意向。因此，该方没有任何理由对另一方产生信心但却有充分理由去担心和警惕另一方的行为。信任的对立面不是不信任，它们是两个不同的变量，可以共存，并且有不同的前置变量和结果变量
Kramer（1999）	否	—	—	不信任并不是信任的缺失，而是对其他人的行为会伤及自身安全的肯定性预期。当一方不信任另一方时，它对另一方的行为表现出害怕与怀疑。怀疑是不信任在认知层面上的核心组成部分，在情感层面上不信任则体现为一种敌对情绪。相对于建立信任来说，引发不信任更为容易

续表

研究文献	是否是实证研究	研究方法	样本数	主要观点
McKnight 和 Chervany（2001）	否	—	—	与信任相比，不信任更适合作为一种解决风险问题的社会机制。有五种类型的不信任：不信任意向、制度不信任、不信任信念、不信任倾向以及不信任相关的行为
Hsiao（2003）	是	非结构化访谈和现场观察	41	识别了任务可靠性相关的和价值相关的不信任，并发现技术性手段可以降低任务可靠性相关的不信任，但无法降低价值相关的不信任
Marsh 和 Dibben（2005）	否	—	—	区分了错信、低信任、不信任和信任，认为低信任是信任的一种，是一种程度较少不足以促进合作的信任，而错信和不信任与信任是不同的概念
Cho（2006）	是	问卷调查	881	信任与不信任不是在信任多少上有数量差别，而是有质的差别。希望、信念以及保证构成了高信任的组成成分；而害怕、疑心和不看好是高不信任的特点。低信任可以被看成是缺乏信念和希望，而不是高怀疑和害怕。同样，低不信任是没有怀疑和害怕，而不是意味着高信念和希望。能力判断和善意判断对信任和不信任的影响是不对称的
Komiak 和 Benbasat（2008）	是	协议分析	2009 *	信任和不信任的构建过程是不同的，它们各自独立，而且可以同时进行。能力是影响信任构建过程最重要的因素，而个体的未知感是影响不信任构建过程最重要的因素
Dimoka（2010）	是	行为实验和功能性神经影像	177	行为实验的结果发现，信任和不信任是相独立的变量，不信任对被试者愿意给出的价格溢价有更强烈的影响作用。功能性神经影像分析也得出同样的结论，并发现信任（可依赖性和善意）以及不信任（不可依赖和恶意）分别是大脑中不同区域的神经系统受到刺激后的反应结果
Liu 和 Wang（2010）	是	问卷调查	277	愤怒的谈判者会由于不信任而采取竞争型导向目标，而同理心会经由信任影响谈判者的合作型导向目标
Conchie 等（2011）	是	配对比较法	85	正直水平是影响信任和不信任最重要的变量；能力水平是影响信任的重要因素，对不信任的影响效应较小；善意水平是影响不信任的重要因素，对信任的影响效应较小

研究文献	是否是实证研究	研究方法	样本数	主要观点
Saunders 等（2014）	是	结构性卡片分类法和个人深度访谈	56	信任和不信任是完全不相同的两种期望，并且有着不一样的表现；区分出强信任/无不信任、强不信任/无信任以及无信任/无不信任三种类型
Lee 等（2015）	是	问卷调查	279	基于能力的因素是信任的前置变量，而关系影响因素是不信任的前置变量，具备能力基础且能影响关系的因素是信任和不信任共同的前置变量

注：基于 49 名学生样本所提供的 1062 个信任建设过程与 947 个不信任建设过程。

资料来源：笔者在 Hsiao（2003）基础上整理而成，其中标有上标 a 的文献均由 Hsiao（2003）提供。

（二）信任与不信任的区别与联系

基于上述研究，本书将不信任界定为信任方对被信任方的意向或行为抱有负面的期望，因此对被信任方产生怀疑和戒备的心理状态（Lewicki et al.，1998；Kramer，1999；Cho，2006）。与前文提到的信任的含义——"由于对被信任方的意向或行为抱有正面的期望因此放心地将自己的脆弱地带暴露人前的心理状态"相对应。

信任与不信任之间的关系是微妙的。基于语义上的相关性，这两个概念有许多共通的基础，包括在概念中有同样的关键点——"期望"和"易受攻击性"，都是降低行为不确定性的机制，以及拥有大致相似的影响因素（下文讨论）。然而，就像中国文化中的"阴"与"阳"元素一样（周南，2012），它们可能基于同一母体，却体现出不同的含义。

首先，在信任和不信任的概念界定中，都可以识别出"期望"和"易受攻击性"，但它们的含义不同。在期望层面上，信任意味着信任方对被信任方行为的正面期望，即认为后者会做出有利于己的行为；而不信任则意味着一方对另一方行为的负面期望，即认为后者会做出不利于己甚者说有害于己的行为。由于不具备"负向行为意向"与具备"正向行为意向"是不一样的（Rousseau et al.，1998），因此，信任和不信任是两个不同的概念。另外，信任和不信任都建立在自身易受攻击性的风险感知之上，但应对风险的态度和方式不同。在信任状态下，信任方明知信任对方会将自己置于易受攻击的风险之中，但由于其对被信任方的行为有充分的正面期望，所以其愿意去冒这个风险，即进行所谓的"信任的一跃"，在这里，没有警惕，也没有怀疑（这是低不信任的特征）；而在不信任状态下，信任方不仅不愿意去冒将自己置于易受攻击状态下的风险（低信任的特征），而且会提高警惕，基于怀疑视角推断对方的一切行为，由此降低自己易受攻击的风险。曰此来看，高信任不是低不信任，同样低信任也不是高不信任①，信任和不信任的定义尽管拥有共同的关键词，但它们仍然属于两个概念。

其次，信任和不信任都被视为降低不确定性的社会机制（郑也夫，2000），区别在于所使用的具体手段不同（Luhmann，1979；Lewicki et al.，1998）。信任机制被 Uzzi（1997）称为"启发式（Heuristic）过程"，即信任方选择信任并不是因为对方做坏事的机率很低，而仅仅是因为相信对方有做好事的动机。具体说来，信任方通过"不去考虑坏的可能"来简化决策环境进而降低不确定性——虽然他无法准确地预料和完全地监控被信任方的行为，但他选择"被信任方一定会正面行事"这一假定，高度相信被信任方一定会按照其期望正面行事，由此来降低决策过程戸不确定性的干扰（Luhmann，1979；Mayer et al.，1995；Lewicki et al.，1998；Bachmann，2001；McKnight and Chervany，2001；Marsh and Dibben，2005；Van de Walle and Six，2014）。而在不信任机制中，同样是面临着高度的不确定性（如没有证据证实对方如何行为），信任方更多地考虑的是"坏的可能"，即假设被信任方总是会寻求一切机会不择手段地为自己谋利，并根据这一假定选择自己的应对行为（如提高监督水平，采用竞争导向的交往策略等），即通过'有害行为的肯定性预测"②来降低决策环境中的不确定性（Luhmann，1979；Lewicki et al.，1998；McKnight and Chervany，2001；Van de Walle and Six，2014）。

相对而言，不信任比信任更适合作为降低不确定性的机制。这是因为，第一，信任是一种自愿的依赖，是冒着易受攻击的风险在某些重要事情上将自己的利益无保留地押在对被信仟方行为的正面期望上，这需要信任方能强有力地保证被信任在交易关系中不会变节（Nooteboom，1996），而在商业关系中，尤其是在具有非对称权力结构特征的关系中，信任方无法保证被信任方不会变节，因此，不信任作为降低不确定性的机制更为普遍（McKnight and Chervany，2001）。第二，一方对其交易伙伴倾注的信任越多，其伙伴从违背信任的行为中可能获得

---

① 但是，如下文所述，高信任和低不信任可以共存，低信任和高不信任也是如此。
② Luhmann N. Trust and Powe- [M]. Chichester：John Wiley，1979：72.

的利益就越多，这无时无刻不在诱惑着被信任方背弃信任方的正面期望而采取相反的行为（Granovetter，1985；寿志钢等，2007），尤其是在信任方的控制机制薄弱的状况下（信任与控制具有相互替代性）。所以说，相对于信任的高风险，不信任机制的成本更低（体现在错误地不信任对方对己的伤害较小），因此，其更适合作为降低不确定性的社会机制。第三，其他学科，如政治学（尤其是古典自由理论）也认为高度的政治信任是危险的，因为其弱化了民主政治下的监督机制，因此许多政治系统非常明显地建立在不信任上（Van de Walle and Six，2014）。基于上述原因，本书认为不信任比信任更适合作为降低不确定性的机制。

基于"期望"和"不确定性"的高低，本书对高信任/低信任和高不信任/低不信任做了如下区分，如图2-3所示。

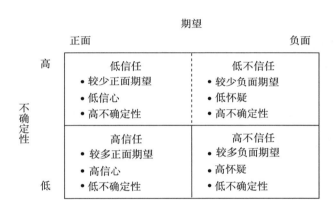

图2-3　高信任/低信任与高不信任/低不信任

注：虚线表示低信任和低不信任可以共存。

在低信任和低不信任情境下，也许是缺乏对被信任方过去行为的了解，又或许是被信任方的态度模糊不清以至无法揣摩其未来的行为[①]，在信任方看来，被

[①] 这里反映了信任（不信任）建立的两种视角（Puranam and Vanneste，2009）：向后望的视角（A Backward-looking Aspect）和向前望的视角（A Forward-looking Aspect）。向后望视角的信任/不信任建立在对被信任方过去行为的了解之上，而对声誉的重视和对将来交易价值的判断等也会产生"信任/不信任"，即使是在缺乏对对方过去行为的了解基础上，这即是向前望的视角，它可以更好地用保证（Assurance）解释。

信任方的行为不确定性很高，所以信任方对其行为的期望（不管是正面的还是负面的）较低，具体体现为较低的信心（信任）或较低的怀疑（不信任），又或者是两者同时具备（Saunders et al.，2014）。

信心和怀疑分别是信任和不信任在认知层面上的核心组成部分（Lewicki et al.，1998；Kramer，1999；Cho，2006；Saunders et al.，2014），它们分别具有各自的两端，而非是同一个概念的正负两极（Wrightsman，1991）。因此，低信任可以被看成是对另一方做出有利于自己的行为缺乏信念和希望，而不是高怀疑和害怕；同样，低不信任是不怀疑和害怕对方会做出有害于自己的行为，而不是意味着高信念和希望（Cho，2006）。

三、信任与不信任的影响因素

如前文所述，信任与不信任拥有大致相似的影响因素，但作用的方向和程度存在差异（Sitkin and Roth，1993；Lewicki et al.，1998；Cho，2006），那么，究竟是哪些因素影响了信任/不信任？现有研究分别基于被信任方特征和关系特征对这一问题进行了分析。然而，相较于信任研究，不信任研究无论是在范围还是在深度上都远远不及，因此，本书基于现有文献所列举的信任的影响因素要多于不信任的影响因素。另外，由于传统观点不对信任和不信任进行区分，因此本书在总结时会基于不信任的概念界定从现有的信任研究中剥离出一部分的不信任研究。

（一）被信任方特征

被信任方的能力、善意和正直水平正向影响信任（Moorman et al.，1993；McAllister，1995；Mayer et al.，1995），但在对不信任的影响效应上，学者们意见不同。Cho（2006）提出能力和善意对信任和不信任的影响是不对称的假定，并用实证方法证实善意对信任的影响更强，而能力对不信任的影响更强。后续的研究继承了Cho（2006）的不对称性假定，但得出了相反的结论，即能力水平是影响信任的重要因素，对不信任的影响效应较小（Komiak and Benbasat，2008；Conchie et al.，2011；Lee et al.，2015），善意是影响不信任的重要因素，对信任的影响效应则较小，而正直水平则是影响信任和不信任最重要的变量（Conchie et al.，2011）。另外，Sitkin和Roth（1993）提出，对被信任方在某具体领域的任务可依靠性的评估正向影响信任，而对自己与被信任方在综合性价值方面的不一致性程度的感知正向影响不信任。本书认为，任务可依靠性实际上是一种能力，而价值方面的一致性程度则反映了在信任方眼中被信任方的正直水平，因此，Sitkin 和 Roth（1993）的观点可以说是与 Komiak 和 Benbasat（2008）、Conchie 等（2011）和 Lee 等（2015）的看法一致，并受到 Schoorman 等（2007）的部分①肯定。

组织规模的绝对量和相对量会分别影响信任和不信任。组织的规模实际上向其交易伙伴传递了这样一种信号：我们是大型公司，目前实力雄厚的基业是建立在长久以来的诚信经营基础上，并且今后也不会像小公司那样轻易毁约。这样的信号使信任更容易建立（Doney and Cannon，1997；Jones et al.，1997）。然而，如果交易中双方规模差异过大，会正向影响不信任。从社会分类理论视角来看，双方规模差异过大会加强规模较小一方的外群体（Outgroup）感知，这种单纯的分类感知会导致不信任（Kramer，1999）。

行为历史也会影响信任及不信任水平（Kramer，1999；Hsiao，2003）。行为历史是关系型交易中每次做出交易决策都需要重点考虑的因素（Dwyer et al.，1987），一方会观察其交易伙伴以前的行为，并假定交易伙伴会保留先前的行为模式（无论好坏）并持续下去。其中，声誉（Reputation）是个体依靠长期持续的可靠性行为为自己赢得的好名声，它正向影响信任水平（Ganesan，1994）。被信任方的高声誉会使其交易伙伴更愿意去冒将自己置于易受攻击状态下的风险，由此促进信任产生（Lewicki and Bunker，1996；Doney and Cannon，1997；Rousseau et al.，1998）。但如果某个体先前在与其他伙伴的交往中有一些负面的行为，尤其是非道德行为②时，那么这样的"黑"历史会使其渠道伙伴在与其合作的过程中对其未来的行为持有较高的负面期望，以及做出更为谨慎与保守的决策（Anderson and Weitz，1992），即正向影响不信任（Morgan and Hunt，1994；Palmatier et al.，2007；Hill et al.，2009；Kaynak et al.，2015）。

（二）关系特征

关系内的沟通、共享和相互适应正向影响信任。沟通指的是交易伙伴之间可

---

① 之所以说是部分肯定，是因为 Schoorman 等（2007）只对"信任是带有具体情境性地对任务可依靠性的评估"这一观点表示肯定，而没有涉及不信任。事实上，Schoorman 等（2007）是不赞成将信任和不信任分开考虑的，这点在前文已有说明。

② 非道德行为（Unethical Behavior）包括微妙的（Subtle）和欺诈的（Deceitful）两种类型（Hill et al.，2009），Kaynak 等（2015）在此基础上又增加了机会主义行为，成为三种类型。

以双向地、经常性地、自由地交换信息和看法，以在某些事情上达成一致的观点，这是影响关系性交易建立和存续的重要因素（Dwyer et al.，1987），沟通越顺畅，信任就越容易建立（Anderson and Weitz，1992；Morgan and Hunt，1994；Doney and Cannon，1997；Das and Teng，1998）。交易伙伴间的信息共享，尤其是机密信息的共享，意味着信息提供方在明知会有信息外泄风险的情势下仍选择开诚布公，这会赢得其交易伙伴的信任。另外，信息共享行为也压缩了关系成员暗箱操作的空间，提高了其正面行为的可预测性。因此，信息共享正向影响信任（Doney and Cannon，1997）。价值共享是指关系成员在某些行为、目标和政策的重要与否、恰当与否以及是非对错上能达成共识，它能促进信任的产生（Dwyer et al.，1987；Morgan and Hunt，1994）。相互适应指的是关系成员调整自己的行为模式以适应其交易伙伴以及环境，这显示了该方有为共同目标和共同利益努力的意愿，因此有助于信任的形成（Das and Teng，1998）。

关系的存续期限也正向影响信任（Ganesan，1994；Doney and Cannon，1997；Sako，1998）。一方面，存续期限为评价交易伙伴的可靠性提供历史交往经验；另一方面，存续期限反映了成员在这段关系中的经济投入与情感投入，期限越长，这种投入越多，选择离开这段关系所需付出的代价就越大。这些都有利于促进信任。据此，Gulati（1995）在研究联盟中的信任时，直接用成员之前的联盟次数作为信任的代理变量。然而，Kumar（2005）对此有相反看法，他认为关系存续期限与信任不相关，长期关系中并不一定会有信任存在。

关系中的冲突水平和满意程度会正向影响信任水平。冲突是由于实际的反应与渴望的反应不一致而导致的两个或多个社会实体（个人、群体以及组织）间的压力状态（Gaski，1984），而满意指的是关系成员对交易关系的所有方面进行评估而由此形成的正面的情感状态（Geyskens et al.，1999）。Geyskens 等（1999）使用元分析方法对 1970~1996 年的 93 篇文献进行分析，结果显示冲突会负面影响信任而满意会正面影响信任。Davies 等（2011）也得出了同样的结论。然而，也有一些研究认为信任是冲突和满意的前置变量（Anderson and Narus，1990；Johnston et al.，2004；Ren et al.，2010）。这反映出渠道研究中许多变量之间都存在循环影响关系。

合同治理与信任之间的关系比较微妙。一般认为，设计完备的合同清楚列明了关系成员需要遵守的各种规则以及违背规则的后果，这有助于创造高度结构化和易于监督的交易环境，从而提高了关系成员对其伙伴按其期望正面行事的可能性，最终有助于提高信任水平（Barney and Hansen，1994；Poppo and Zenger，2002）。Anderson 和 Weitz（1992）将有条件的合同终止协议和合同终止时的提前告知协议统称为慷慨性合同（Generous Contacts），认为它们和独家供应/销售协议都会提高渠道成员的信任及承诺水平①。但也有学者得出了相反的结论，如Macauley（1963）观察发现，完备的合同虽然可以促进组织间有效的交易关系的形成，但人们在这样高度结构化和易于监督的交易环境中并不需要去发展信任。另外，在信任方看来，被信任方选择签订复杂的正式合同这一行为本身就意味着对方对自己的信任程度不高，这反过来会降低信任方的信任水平②（Rousseau et al.，1998；Poppo and Zenger，2002；Puranam and Vanneste，2009）。Sako（1998）将信任区分为能力信任和善意信任，认为正式合同会提高能力信任但会降低善意信任水平。

层级治理的水平会正向影响不信任（Sitkin and Roth，1993）。在层级治理下，交易双方之间的联系不再紧密而直接，而是要通过各种功能化的规则和程序逐层传递，并处于严密的控制之下，这样的关系会增强弱势方对权力距离③的感知，从而更容易形成不信任感。另外，在弱势方看来，正式化、集权化和控制等手段是强势方设置的结构性屏障，它们反映了强势方在交易中一切"公事公办"的态度，"（正式化机制）不会引发信任，而是取而代之……它们不允许用具体的个人联系和内隐其中的义务感这种方式来降低负面行为"④（Granovetter，

---

① 遗憾的是，这一假设在 Anderson 和 Weitz（1992）的研究中并未得到数据支持，作者认为这可能是由于数据的单边测量所导致的。

② 正如 Anderson 和 Weitz（1992）对感知承诺与承诺之间关系的描述一样，信任/不信任感知也会相对应地增强信任/不信任水平。感知信任/不信任是一方对另一方以前的行为进行判断后，"感觉到的"另一方对自己的信任/不信任水平。感知信任/不信任和信任/不信任会相互正向影响，在其他变量不变的情况下，会导致关系中信任/不信任程度的加深。这种循环关系在我国文化背景中也有独特的反应：感知信任催化了"对方把我当自己人"的认知，促进信任产生，如此循环反复最终形成"圈子"，"圈子"内"自己人"之间相互信任（杨宜音，1999），不信任感知与不信任的循环关系亦是如此。

③ 权力距离指的是"在一个（或松散或紧密的）社会系统中，强势方与弱势方之间的权力不平等的程度"（Mulder，1977），这是最早的对权力距离的概念界定，反映了一种不带个体态度倾向的客观描述。后来，社会学家们对这一概念赋予了个体主观色彩，将其发展为"在组织或制度中弱势方对于权力的不平等分配所能够接受的程度"（Clugston et al.，2010）。本书仍然使用的是 Mulder（1977）对这一概念的原始定义，它实际上与权力的非对称程度的含义相同，只不过更多地强调了弱势方的感知色彩。

④ Granovetter M. Economic action and social structure：The problem of embeddedness［J］. American Journal of Sociology，1985，91（3）：489.

1985），在中国文化中，这种态度更会导致双方关系的疏远，从而为不信任的产生提供土壤。

权力结构特征也是影响信任的重要变量。一般而言，交易关系中的总依赖程度越高，双方信任出现的可能性越高，而权力结构的非对称程度对强势方和弱势方的信任/不信任的影响效应是不同的。首先，权力结构的非对称程度越高，强势方就越趋于信任其交易伙伴（Bachmann，2001），突出表现就是更愿意用口头协议代替正式合同（Narayandas and Rangan，2004）。而相反，权力结构的非对称程度越高，弱势方就越难以建立对强势方的信任（Kumar et al.，1995b）①，甚至更容易催发对强势方的不信任，原因有二：第一，权力的非对称程度反映了强弱势双方在权力层级上的差距，非对称程度越大，强弱势双方之间的差异性就越明显，相似性越低，由于"距离导致疏远，陌生招致怀疑"，这种权力数量和与之相关联的社会身份上的感知差异最终会增强弱势方的不信任感（Zucker，1986；Sitkin and Roth，1993；Smith and Barclay，1997；Kramer，1999）。第二，权力的非对称程度越大，弱势方对强势方的依赖性更强，不管强势方实际行为如何，弱势方都更容易感知到其"在从事负面行为（如机会主义行为）"，以及肯定其"在将来也会从事负面行为"的期望（Kramer and Tyler，1996；任星耀等，2009），这都会导致不信任感的增强。

公平（Equity）行为是一种信任建设机制，它正向促进了信任的产生（Das and Teng，1998）。即使是在高度不对称的权力结构中，只要弱势方能够感知到被强势方公平对待，也可以产生信任（Kumar et al.，1995a；Kumar，2005）。甚至，当某渠道成员站在第三方的角度观察渠道领袖（强势方）对另一渠道成员的惩罚时，即使这种惩罚行为与己毫无关系，但其所感知到的惩罚公平性还是会正向影响该渠道成员的信任水平（Wang et al.，2013）。

权力合法性是公平行为感知归因之外，对非对称权力结构的渠道关系中为何可以出现信任的另一种解释（Sitkin and George，2005）。在弱势方眼中，强势方的权力行使的合法性程度影响到了双方交易关系的"氛围"，进而影响弱势方对权力的接受程度和认可程度（Blois，2010）。这不仅包括对弱势方反应行为的影响，更重要地，权力合法性也影响了弱势方如何去看待和理解强势方。当强势方

---

① 但这并不意味着在非对称的权力结构中不会出现信任（Kumar，2005）。

的权力行使被认为具有合法性时，强势方及其行为更容易被认为是有意义的、可预测的，以及值得信赖的（Suchman，1995），由此促成了非对称权力结构中信任关系的形成。李新建等（2012）实证检验了上述关系，证实了合法性正向影响信任这一结论。

心理契约（Psychological Contract）正向影响信任而心理契约违背行为会正向导致不信任。心理契约是每一个体对自己所愿意付出的义务的信念以及对另一方应该履行的互惠性义务的信念（Rousseau and Tijoriwala，1998），它发展于关系形成的探索期（Dwyer et al.，1987）。由于心理契约强化了信任方对被信任方行为的正面期望，因此被认为是信任形成的重要基础（Ring and Van de Ven，1994；Kingshott，2006）。然而，当个体认为组织违反了心理契约（违反允诺）时，会产生强烈的紧张认知（如怀疑）以及情绪上的显著反应（如敌意、愤怒等）（Rousseau and Tijoriwala，1998；Pavlou and Gefen，2005），由此引发不信任（Kramer，1999；Dimoka，2010）。

以上是笔者对现有文献介绍的信任和不信任的前置变量的总结，虽然其中有一些是信任和不信任共同的前置变量，但基于下述原因，它们对信任和不信任的影响作用却可能是不对称的（Kramer，1999；Cho，2006）：第一，由于否定性偏见效应，负面事件比正面事件更容易被看到或被关注，而且个体在评价对方时受负面事件的影响要大于正面事件（Rozin and Royzman，2001），即一些变量对不信任的负向影响效应要大于对信任的正向影响效应。第二，负面事件在社会网络中的传播速度要高于正面事件（好事不出门，坏事传千里），因此不信任意向的传染强度要高于信任意向，尤其是在弱连带关系中（Burt and Knez，1995）。第三，在非对称权力结构的渠道关系中，由于弱势方有更强的依赖性和易受攻击性，他们对那些与信任相关的交易行为更为敏感，表现为他们既倾向于将正面事件看成是对方值得信任的证据，但又更加容易从上述行为中得出他们的信任被滥用的结论并由此增强不信任感（Kramer and Tyler，1996）。第四，虽然说信任/不信任感知也会相对应地增强信任/不信任水平[①]，但与信任相比，不信任更加难以随时间流逝而消退（Gambetta，1988），这也就是说，不信任的自我增强效应要强于信任，在没有外来干预的情况下，原本假定的不信任也会变成永不停止的不信任。

----

① 正如 Anderson 和 Weitz（1992）对感知承诺与承诺之间关系的描述一样。

第四节　渠道绩效的相关研究

一、渠道绩效的含义

有些渠道文献将渠道绩效（Channel Performance）称为关系绩效（Relationship Performance）（Claro et al.，2003；Palmatier et al.，2007），用于描述渠道系统而非单个企业[①]的整体效能和效率[②]（Selnes and Sallis，2003），是渠道系统功能执行情况、渠道治理水平以及渠道健康状态的指向标，因此，在营销渠道研究的结构—行为—结果（SCO）这一经典框架里，学者们常将渠道绩效作为反映"结果"的重要变量。

在其他学科中，绩效一词经常被和目标联系在一起，并同时包括对结果评估和对行为评估两层含义，前者通常可以量化，而后者一般采用主观评价的方式。例如，在人力资源管理中，员工绩效是对组织成员工作目标的完成情况（结果）以及完成过程（行为）的评估；而在公共事务管理中，政府绩效就是对经济（投入产出比）效率（预算投入的结果、客观指标）和效益（秩序、社会公平和民主等方面的情况是否得到改善）等的衡量结果（蔡立辉，2003）。

同样，在营销渠道领域，大多数研究者也同时使用客观指标和主观指标进行渠道绩效评估。例如，Etgar（1976a）使用九种关系及行为指标反映渠道绩效，既包括重复性（谈判）行为、行为标准化程度、先进技术的采用情况等主观指标，也有合同细致程度、生产线专业化程度、流水化作业速度、沟通质量、利润风险以及生产量这些客观指标。另外，Claro 等（2003）同时使用销售额增长率和关系满意（一方对渠道伙伴及其渠道关系的满意评估）来测量渠道绩效。Palmatier 等（2007）分别使用销售增长率、整体财务绩效（一方对渠道销售增长

[①]　概念如此，但在实际测量中通常的做法是以某一方的视角去观察双方整体绩效并给出评价，如 Claro 等（2003）、Selnes 和 Sallis（2003）以及 Palmatier 等（2007），学者们认为这样的操作方式与其概念并不矛盾，故此本书在测量时也采取了这一做法。

[②]　效能（Effectiveness）是"做正确的事情"，而效率（Efficiency）是"正确地做事"，两者都是渠道治理追求的目标，在无法兼得时，前者应优先于后者。

率、利润增长率和总利润的主观评价）、合作水平和冲突水平四个变量反映渠道绩效，分别验证了渠道绩效的前置变量对这四个变量的影响。Yang 等（2012）则使用战略绩效、销售绩效和经济绩效三个维度测量渠道绩效，其中前两个是主观评价指标，后一个包括销售额、销售额增长以及利润水平等客观指标。

也有研究者只使用主观指标或者客观数据一种测量方式，如 Webb 和 Hogan（2002）就使用了包括四个项目的量表对渠道成员的绝对与相对（与期望相比）绩效水平进行主观性的评估。Selnes 和 Sallis（2003）所使用的包括七个项目的测量量表全部都是由一方对交易伙伴及关系的主观评估。Hoetker 和 Mellewigt（2009）使用包含 13 个项目的主观测量量表评估渠道绩效，而 Etgar（1976b）使用基于经销商角度的客观数据，即资产回报率和资产周转率评估渠道绩效。

与其他学科对绩效的界定一样，渠道绩效也应与渠道的目标有关，在这点上做出突出贡献的是 Johnston 等（2004）。他们认可同时使用客观数据（如投资回报、净收入以及销售回款）和主观评价（如准时到货、响应能力以及对方角色的满意程度）的方式评估渠道绩效，但更进一步地认为，对于不同的渠道关系，采用的绩效评估指标应是不同的。这是因为对于同一个供应商，不同的经销商可能有不同的绩效目标，如一些企业关注成本降低，而另一些企业可能更关注渠道响应能力和新技术采用速度的提升。因此，Johnston 等（2004）就渠道绩效评估给出八个指标，要求被调查者先选择其中最接近自己绩效目标的若干指标，然后对其完成情况进行评估（这八个指标分别是长期获利能力、去年净利润、成长率、产品/服务创新、较低的长期成本、较低的短期成本、增长质量以及增长服务/产品基础）。就如同人力资源管理对不同部门和不同职位使用不同的绩效考核目标和权重的做法一样，这种做法实际考虑到了具体的渠道关系中目标的不同优先级，因此可能会更有效地反映渠道绩效水平。

参考前人的做法，本书同时使用结果评估和整体财务绩效评价（一方对渠道销售增长率、利润增长率和总利润的主观评价）方法来测量渠道绩效。

二、渠道绩效的前置变量

影响渠道绩效的因素很多，主要包括成员个体的因素、环境因素、行为因素以及关系因素。

在个体因素中，成员个体绩效（Hoetker and Mellewigt，2009）、成员规模

（Claro et al., 2003；Yang et al., 2012）以及经验（Hoetker and Mellewigt, 2009）等都被证实会影响渠道绩效水平，或者说，影响到成员对渠道绩效水平的评估。Hoetker 和 Mellewigt 就发现，那些在过去三年有良好财务绩效的渠道成员，对渠道绩效水平有更高的评价。

另外，企业及企业间的关系不是存在于真空之中的，环境中的许多因素都会对企业绩效以及渠道（关系）绩效目标的达成造成干扰，如网络密度（Claro et al., 2003）、环境不稳定性（Claro et al., 2003；Yang et al., 2012）等。

与个体和环境因素相比，研究者们更感兴趣[1]的是行为因素和关系因素——这更符合"结构—行为—绩效"这一经典研究范式。本书重点关注交易专用性资产投资及其他资源投入、合作行为[2]、机会主义行为、信任以及治理机制对渠道绩效水平的影响作用。

第一，Claro 等（2003）基于交易成本理论提出，人力资本和物质资本方面的交易专用性资产投资会导致更高的关系治理水平进而提升渠道绩效，Fang 等（2008）基于资源基础理论也得出类似的结论。Palmatier 等（2007）同时采用交易成本理论视角、承诺-信任视角、依赖视角和关系规范视角考察了众多变量对渠道绩效（包括四个指标）的影响作用，发现买方的专用性资产投资只对销售额增长有正向影响，而卖方的专用性资产投资对整体财务绩效、冲突和合作行为[3]都有显著影响。另外，钱丽萍和任星耀（2010）将专项投资看成是经销商合作行为的重要表现之一，并证实它显著影响渠道绩效。

第二，当双方共同制定计划和共同解决问题时，交易成本的降低可以促进渠道绩效的提高（Claro et al., 2003）。Johnston 等（2004）也关注合作行为对渠道绩效的影响，但他们的研究没有证实共同承担责任对渠道绩效的影响，不过却发现共同制定计划和灵活的安排可以提高渠道绩效水平。

第三，机会主义行为可以负面影响合作行为，增加冲突，并间接地通过关系行为负向影响销售增长率和整体财务绩效（Lonsdale, 2001；Palmatier

---

① 之所以说研究者"更感兴趣"，是因为上文所列的变量大都没有出现在研究模型之中，而是作为控制变量被证实会影响渠道绩效。

② 这里的合作行为指的是共同承担责任、共同制定计划、共同解决问题以及灵活的安排等。

③ Palmatier 等（2007）将合作行为看成是渠道绩效的一个指标，他们主要是从合作结果的角度对合作行为进行测量，如"我们之间保持着对双方都有利的关系"、"我们在这段商业关系中合作得很愉快"以及"我们认为我们之间的关系就是合作性的"。

et al.，2007）。

第四，信任也会提高渠道绩效。Smith 和 Barclay（1997）分析来自加拿大计算机行业的 103 对渠道关系样本①发现，渠道成员间互相的值得信任感知影响其相互信任行为，并进而提升渠道绩效水平。Claro 等（2003）和 Johnston 等（2004）也得出相同的结论。Selnes 和 Sallis（2003）从关系学习的角度切入，发现信任和关系学习都对渠道绩效有正向影响作用，但有趣的是，他们发现在高信任情境下，关系学习对渠道绩效的正向影响作用会被削弱。Palmatier 等（2007）的研究只证实了信任对合作行为与冲突的影响作用，而对销售额增长和整体财务绩效的影响作用不显著。钱丽萍和任星耀（2010）也证实了信任对渠道绩效有显著的正向影响。

第五，一些学者还关注治理机制对渠道绩效水平的影响作用。Bello 和 Gilliland（1997）发现，在层级治理机制中，结果控制以及灵活性会提高渠道绩效，而过程控制对渠道绩效的作用不显著。Yang 等（2012）同时关注合同治理和关系治理及其交互作用对渠道绩效的影响，他们的研究虽未能支持合同定制化正向影响渠道绩效这一假设，但却证实了关系治理及关系治理与合同定制化的交互效应对渠道绩效的正向影响作用。Palmatier 等（2007）发现关系规范对他们所定义的四个渠道关系指标都有直接影响作用。聚焦于合同治理机制，Narayandas 和 Rangan（2004）使用案例研究方法，选择三组买方-卖方关系为研究对象，发现在正式或非正式合同会促进渠道绩效的关系之外，渠道成员对对方有利的额外契约行为（即在正式或非正式合同规定的义务之外且不受正式报酬制度所激励的行为）也会提高渠道绩效水平。Hoetker 和 Mellewigt（2009）认为，在讨论正式治理及关系治理机制对关系绩效的影响作用时，应考虑资产类型这一因素。他们发现，当联盟中的资产大都是有形资产时，使用正式治理机制可以提高联盟关系绩效；而当资产以知识资产为主时，使用关系治理机制可以提高联盟关系绩效；如果资产类型和治理机制之间没有实现上述匹配，关系绩效水平会降低。

---

① Smith 和 Barclay 分别采集了渠道关系中买方与卖方的数据，一对买方-卖方组合被看成是一个样本单元。

第五节　治理的相关研究

一、治理与治理机制

治理（Governance）[1] 是一种行为，是"对良好的秩序以及可行的（组织）安排的设计"（Williamson，1995）。因治理的手段不同，所以存在多种治理模式（Forms）。而机制（Mechanism）一词是指"一个工作系统的组织或部分之间相互作用的过程和方式"[2]，因此，治理机制描述的是治理手段在渠道系统中起作用的过程与方式。

大多数研究将治理看成是一维的连续体：完全的市场治理和层级治理是连续体两边的端点（Heide and John，1992；Williamson，1995，2010；Zaheer and Venkatraman，1995；Makadok and Coff，2009），连续体的中间部分被称为混合治理（Williamson，1995），或者是复合治理（Heide，2003）。2009 年，Makadok 和 Coff 将混合/复合治理称作为中间治理，用以区别他们所提出的混合模式。他们认为前者在治理的各个维度上都处于完全市场治理和完全层级治理之间，而后者在某些维度上带有市场的成分，在另一些维度上又带有层级的成分。Heide（1994）将非市场治理进一步划分为单边和双边治理，单边治理等同于上文所提到的层级治理，指的是在非对称权力结构背景下强势方以权威为基础所采取的治理模式；双边治理发生在依赖对称且依赖程度较高的关系中，指的是关系双方通过共同参与及合作来解决问题。随着组织间关系逐渐走向网络化，网络治理的概念也逐渐浮现。网络组织是基于有机的、非正式的社会系统以及正式的契约关系进行协调的，这样的组织间协调方式称为网络治理（Jones et al.，1997）。1995

---

[1]　治理的范畴很广泛，根据治理主体和对象的不同，可以分为国家治理、公司治理和组织间关系治理等。本书集中于渠道治理的讨论，它是组织间关系治理的一部分。

[2]　见《辞海》，在《朗文当代英语辞典（第三版增补本）》中，mechanism 的释义是"the way that something works"。参见：朗文当代英语辞典（第三版增补本）［M］．北京：外语教学与研究出版社，2002：889.

年，Weitz 和 Jap 提出了三种渠道治理模式，即权威（权力）[①]治理、合同治理和规范治理，其中前两种属于正式治理[②]的范畴。权威治理又称为单边治理或层级治理，指的是在非对称权力结构背景下强势方以权威为基础所采取的治理模式（Heide，1994），它以管理性控制为特点，依靠正式化、集权化和控制等手段达到治理效果（Puranam and Vanneste，2009）。合同治理顾名思义，指的是渠道关系各方通过协议的方式来确定各方责任及履行责任后应得的利益分配，这样的协议可以是某方单方面制定，也可以是各方经过讨论后确定。基于绩效的刺激手段就属于合同治理的范畴。规范治理是通过一系列关系各方认可的隐性规则或规范来协调各方行为及治理渠道关系。

二、基于强势方/弱势方视角的治理

先前关于治理的研究几乎都基于强势方的视角，对此，Heide（1994）在对单边和双边治理的分类和界定中强调：治理在非对称权力结构的渠道关系中是单边的，是由强势方依据其权力优势来制定规则和强力执行其决策，而弱势方只能作为被治理方被动地接受这一切。

但是，治理不等于控制，它涵盖了比控制更丰富的内容。张剑渝（2005）认为，控制是一种单边行为，它体现为某主体对其他个体行为的单方向操纵；而治理则是多边的，反映了多方共同参与处理关系的方式。也就是说，弱势方并不一定会被排除在治理主体之外，其也应该有自己的治理模式选择范畴。可是，从强势方视角出发探讨得出的治理模式并不适用于相对权力较少的弱势方（Subramani and Venkatraman，2003），因此，本书需要在上述治理模式之外，重新考虑基于弱势方视角的治理模式。

然而，相对而言，现有文献对以弱势方为主体的治理模式的讨论寥寥无几，主要可以分为两种类型：一是探讨弱势方如何构建防御体系以保护自己的关系专用投资不受强势方机会主义行为的侵害（Subramani and Venkatraman，2003）；二

---

①　在权力文献中，权威与权力之间的区别非常小，以至于经常被做同义对待（Bucklin，1973）。但也有一些学者明确指出两者的不同，例如 Bucklin（1973）认为，"与权力不同的是，权威的产生基于对被控制者利益的满足，基于被控制者对控制一方的乐于服从"。朗（2001）认为，权威是被统治方所接受认可的权力。由于权威和权力即使有区别，其区别也不影响本书的表达，因此为方便起见，本书采纳大多数学者的做法，将权威和权力看成是同一事物，权威治理即是权力治理。

②　Granovetter（1985）将其称为制度性安排（Institutional Arrangement）。

是关注如何增强弱势方的对抗性权力（Countervailing Power）以重新获取权力平衡（Etgar，1976b；Heide and John，1988）。Subramani 和 Venkatraman（2003）基于交易成本理论提出了弱势方的两种治理模式：准一体化（Quasi Integration）和联合决策制定（Joint Decision Making）。其中，准一体化被界定为供应商（弱势方）与其较为强大的买方之间的联系的紧密程度；而联合决策制定指的是买卖双方就其关系中的重要议题共同进行决策的程度。这两种治理机制会增强强弱势双方之间的沟通与信息交换，并向强势方传递了一种可行的承诺信号，由此激发强势方的互惠性承诺意愿，最终为供应商的关系专用投资建立了防御体系。渠道关系领域对弱势方对抗性权力的研究始于 Etgar（1976b），他认为，当渠道权力集中于某一成员手中时，其他处于权力弱势的渠道成员会试图通过增强自己的对抗性权力改善这个局面。Green 和 Welsh（1988）以及 Feldman（1998）分别借用了心理反抗这一逻辑和古生物学中的间断均衡理论去证明了这一论断。但是，具体怎样才能增强对抗性权力呢？Heide 和 John（1988）提出弱势的供应商可以通过品牌建设与消费者建立强有力的关系以增强自身对强势经销商的对抗性权力。Molm（1989）认为，权力分为奖赏性权力和惩罚性权力，后者可以是弱势方一种强有力的对抗性权力，是平衡非对称权力的有效手段。Kumar 等（1998）进一步区分了价值型资源与破坏型资源①分别对应奖赏性权力和惩罚性权力这两种不同的权力类型，他们认为弱势方的惩罚性权力（对抗性权力）则来源于两个方面：利用破坏型资源进行惩罚和撤回价值型资源。对于弱势方来说，撤回价值型资源并不足以对对方的行为造成较大影响。这是因为，第一，相对而言，弱势方所拥有的价值型资源本就不多；第二，对方可以相对容易地找到其他合适的替代者。因此，弱势方的惩罚性权力主要体现为利用破坏型资源对强势方进行惩罚。

总的来看，在为数不多的弱势方治理研究中，弱势方的防御机制以及对抗性权力是两个研究焦点。但是，首先，防御机制的建立是必要的但不应该是全部；其次，处于资源劣势地位的弱势方因缺少足够的资源，很少能通过上述的平衡性投资策略来改变弱势地位，重新获取权力平衡；最后，这些研究实际上暗含了以强势方为敌的假定，从这样对立的视角出发很难真正讨论双方合作的可能及意义。

---

① 价值型资源是指对于目标企业来说关键且不可替代的资源，而破坏型资源指的是那些虽然对于目标企业来说没有价值但却可以用来对其造成伤害的资源。

三、外生治理机制与内生治理机制

Dyer 和 Singh（1998）将组织间关系的治理机制分为两大类别：一类是借助于由（联盟外的）第三方执行的协议（如法律合同）而实现的治理过程；另一类则不需要第三方参与，是基于联盟内成员自我执行协议（Self-enforcing Agreements）而实现的治理过程①。进一步地，他们又将后一种治理机制分为两类，即"正式的"防御治理机制（如财务或投资抵押）以及"非正式的"防御治理机制（如嵌入、善意以及名誉）。其中，交易成本理论和代理理论为借助于由第三方执行的协议而实现的治理机制以及"正式的"防御机制提供了理论解释；而社会学的相关理论，如制度理论、社会交换理论等，则是"非正式的"防御治理机制的重要理论支撑。

本书基于 Dyer 和 Singh（1998）的分类框架，将借助于由第三方执行的协议而实现的治理机制以及"正式的"防御治理机制归为一类，称为外生治理机制；将"非正式的"防御治理机制称为内生治理机制。两者的区别在于：内生治理机制指的是某个体基于内部的考虑（如价值观、信任、声誉以及权力合法性等）而自我指引和自我约束行为的治理过程；而外生治理机制则更注重依靠外在控制力量（如合同、制裁、奖赏、规则以及专用性资产抵押等）来推动治理过程。

Ouchi（1979）是最早的关于内生治理机制的研究，其提出了氏族式治理方式。在类似于氏族的群体中，所有系统成员都以某种群体规范为自身社会化行动的指引与约束。在这里，规范指的是"一种被某个群体认定的正确处事的原则，它约束着群体中所有成员的行为，以及指导、控制和调整其行为向适宜的、可接受的行为转变"②。或者说，成员是基于某种已内化的价值观进行自我约束与自我控制的，这样的内化价值观使渠道关系中的单个企业可以克服机会主义行为的利益诱惑而更多地以集体行动及集体利益为导向行事（Heide，1994）。后续的研究者继承和发展了 Ouchi（1979）的理论，将这一治理方式命名为规范治理（Normative Governance）（Heide and John，1992；Weitz and Jap，1995）。但 Heide

---

① 基于联盟内成员自我执行协议而实现的治理机制指的是，只要关系中的每一方都认为对于自己来说，保持关系比终止关系更有利，那么这种自我执行协议就可以确保双方关系正常持续下去，这一观点由 Telser（1980）首次提出，并被命名为自我执行协议理论。Telser 认为这一理论可以有效解决买方与卖方关系中的囚徒困境问题。

② Macneil I R. The New Social Contract［M］. New Haven：Yale University Press，1980：38.

（1994）认为，这种基于内化价值观的治理方式体现了渠道中双边治理的精髓，它只能发生在权力对称且依赖程度较高的关系双方之间，由关系双方通过共同参与及合作来解决问题。

基于信任的关系治理（Relational Bovernance）（Zaheer and Venkatraman，1995）是先前研究中所提到的另一种内生治理机制。信任，指的是"由于对另一方的意向或行为抱有正面的期望因此可以放心地将自己的脆弱地带暴露人前的心理状态"①，它只会发生在强连带关系中。当渠道关系中的一方对另一方产生信任时，会为双方的合作自觉主动地投入更多的努力，并笃定地认为会得到相等甚至更多的回报。这时，即使没有明确的合同约束或经济性处罚的威胁，这种基于信任的关系治理机制也会使信任方基于对对方能力及善意的信任而自觉约束自己的行为。需要强调的是，这种关系治理机制是通过激发信任方对被信任方互惠行为的合理期待而发挥作用的，而不是如合同、一体化等治理机制一般是通过合作的利益和成本的算计性认知过程发挥作用（Uzzi，1997）。

Frazier 和 Rody（1991）描述了强势方对权力的自我约束过程。他们认为，拥有权力并不意味着就会滥用权力，由于考虑到渠道合作会带来利益，强势方会约束自身对强制型权力的使用以与弱势方保持长期合作的状态。Frazier 和 Rody（1991）所讨论的内生治理机制是基于对合作利益和成本的算计性认知起作用的。由此来看，内生治理机制涵盖了基于道德的认知和基于利益的认知共同的作用。

另外，我国学者符加林（2007）研究了声誉对企业行为的约束机制②。他认为，企业声誉不仅可以反映企业内部的管理质量，还可以成为外部投资者与合作者预测企业未来行为模式的重要依据，因此是企业一项重要的战略性无形资产。正因如此，企业愿意自我约束自己的行为以获取这项资产，即声誉效应可作为一项重要的内生治理机制。

对于内生治理机制的优点，先前的研究者们一致认为，与依靠外部力量来推动治理的外生治理机制相比，注重自我指引与自我约束的内生治理机制的成本更低，且更有效率（Frazier and Rody，1991；Poppo and Zenger，2002；Hill，1990；

---

① Rousseau D M，Sitkin S B，Burt R S，Camerer C. Not so different after all：A cross-discipline view of trust［J］. Academic Management Review，1998，23（3）：395.

② 该篇文章讨论的重点是企业声誉对合作伙伴机会主义行为的约束作用，但也涉及部分企业声誉影响该企业自身行为决策和行为结果的内容。

Uzzi，1997）。因此，内生治理机制完全可以作为对合同或者一体化等外生治理机制的替代和/或互补机制来使用（Granovetter，1985；Dyer and Singh，1998；Gulati，1995；Uzzi，1997；Poppo and Zenger，2002）。

第六节　国内外研究述评

通过上述相关文献的梳理，本书发现：

第一，在 Grewal 和 Dharwadkar（2002）先创性研究的影响下，营销渠道研究领域的学者们已开始关注合法性问题，目前相关研究成果已小有规模，但仍存在两处不足：一是大都采用合法性构建主体的视角，而基于观察者感知视角的研究还较少；二是研究主要是基于制度理论展开，并未将合法性研究的另一个理论分支社会心理学的相关观点吸纳进来。这两处不足在一定程度上影响了渠道组织合法性研究的深度与广度。

第二，服从和机会主义行为一直受到渠道研究学者的关注，尤其是后者。但回顾现有文献，除 Grewal 和 Dharwadkar（2002）及李新建等（2012）之外，并无学者探讨过合法性对于服从及机会主义行为的影响。而上述研究无论是在研究视角还是在合法性分类上，都与本研究颇为不同。

第三，区别信任和不信任这两个概念并进行讨论始于 20 世纪 90 年代，历经三十多年的发展目前已初具规模。其研究成果主要体现在以下两个方面：一是成功地证实信任与不信任是两个相互独立的变量；二是证实信任与不信任有不同的前置变量，即使是同一前置变量，对信任和不信任的影响也有程度大小的不同。但先前的研究并未探讨权力合法性对于信任与不信任的影响效应如何，且也未证实高信任和高不信任可以同时存在，其背后的原因是什么。

第四，与对强势方的研究相比，现有文献对弱势方的关注相对较少。而作为非对称权力结构渠道关系中数量规模占优的弱势方，其权力合法性感知、合作心态以及行为是影响渠道关系稳定及其绩效的重要因素。但遗憾的是，并没有太多的学者从弱势方的角度展开研究，且在为数不多的以弱势方为主体的治理机制的研究中，弱势方的防御机制以及对抗性权力是两个焦点。但是，首先，防御机制的建立是必要的但不应该是全部；其次，处于资源劣势地位的弱势方因缺少足够的资源，很少能通过上述的平衡性投资策略来改变弱势地位，重新获取权力平衡；最后，这些研究实际上暗含了以强势方为敌的假定，从这样对立的视角出发很难真正讨论双方合作的可能及意义。

第五，尽管先前的研究没有使用内生治理机制这个名称，但是学者们对"自我指引与自我控制"这一治理机制进行了论述，这为本书提出内生治理机制与外生治理机制的新分类夯实了理论基础，同时也肯定了探讨内生治理机制的可行性与价值。

第三章 理论模型

本章将以前文文献回顾中提及的关键变量为点，以社会交换理论和社会认知理论为线，构建反映权力合法性对渠道绩效影响机理的理论模型，以揭示基于权力合法性的弱势方内生治理机制。

第一节 理论基础

一、社会交换理论

社会交换理论（Social Exchange Theory）是社会学家 Homans（1958）在汲取 Skinner 的新行为主义心理学以及 Parsons 的结构功能主义社会学的双重养分的基础上发展而成的综合性理论，经由 Thibaut 和 Kelley（1959）、Blau（1964）和 Emerson（1976）等的不断完善，其成为当前社会学理论的一个重要分支，也是目前营销渠道关系研究中较具影响力的经典理论之一。

社会交换理论认为，人类大多数的行为[①]都是在交换意愿的指导下做出的，体现为人们会因对某些社会报酬的期望而选择性地做出某种行为，因此人类在社会交往中所形成的关系通常是一种交换关系。Blau（1964）是这样界定"社会交

---

① Blau（1964）认为，并非所有的人类行为都以交换为指导，要使行为导致社会交换，需要满足两个条件："一是该行为的最终目标只有通过与他人互动才能达到，二是该行为必须采取有助于实现这些目的的手段。"

换"这一概念的：某个体做出某种行为的动力建立在从另一个体那里期望得到并且确实得到某些社会报酬的基础之上，而为了继续获取社会报酬，该个体就需要对已获取的报酬进行回报。也就是说，社会吸引将导致社会交换，而互相提供报酬将会维系个体之间的相互吸引和交往。

需要注意的是，上述社会交换中所提到的社会报酬不仅指外在利益，也包括内在的报酬如认同、感激、愉悦等。例如，人们施舍食物给乞丐，是想让他表示感谢和敬重（如果并不期待这种回报的行为就不属于社会交换讨论的范畴），而做慈善捐赠，是为了赢得身边伙伴的认同，这里的感谢与认同，虽不是经济学意义上的外在报酬，却可以构成一方对另一方的回报。明白这一点对于理解交换关系中处于资源劣势（即所能给予的外在报酬相对较少）的弱势方的行为非常重要。Blau（1964）提出，如果在社会交换中弱势方在从对方处获取自己想要的帮助之后，却发现自己并没有任何可回报对方的报酬，那么他会选择服从，按照对方的愿望行事，加诸自身的权力作为对其所提供帮助的回报。同样，信任也可以作为弱势方对对方的一种情感报酬。

这样基于期望的社会交换关系注定了互惠（Reciprocity）与公平（Justice）是社会交换过程中需要遵守的重要原则（Blau，1964）。互惠原则指的是交换双方期望并确实得到从交换中获取的回报大于其付出的成本这一结果。虽然说，个体在社会交往中得到报酬往往会使另一方付出一定的代价，但若同时考虑内在报酬和外在报酬则会发现社会交换不是经济学上所定义的零和游戏，双方都可以从交换中获取利益。然而，他们所得不一定相等，这就涉及另一个重要原则——公平原则。公平原则指的是交换中的个体期望可按照自身付出的成本"公平地"获取（分配）报酬。如果某个体认为自己遭受了不公平对待，那么即使其从该段交换关系中求取了正面的报酬，在有选择的情况下，他也有意向结束这段关系。

另外，社会交换行为不仅存在于个人与个人之间，在个人与组织之间、组织与组织之间也同样存在着这样的交换行为。在组织（间）关系研究中，研究者们根据 Levinson（1965）的组织拟人化理论，倾向于将组织拟人化为某一个体来对待，因此，社会交换理论也同样适用于个人与组织之间以及组织与组织之间的关系研究。事实上，在营销渠道组织间关系中，社会交换理论已成为重要的理论基础之一（Heide，1994；Morgan and Hunt，1994）。

二、社会认知理论

社会认知理论（Social Cognitive Theory）与社会交换理论同属于社会心理学中行为主义学派的范畴（刘宏宇，1998），它是由 Bandura（1989）基于社会学习理论发展起来的学说，主要关注个体认知的形成过程以及个体认知对其行为的影响作用。

社会认知理论指出，个体认知、行为以及环境三者之间存在着动态的相互决定关系（见图 3-1）。首先，个体行为受环境性质的影响。无论个体喜欢与否，都会受到来自自然环境和社会环境的影响。虽然有时个体无法控制它们如何发生作用，但在一定程度上，个体可以控制自己如何看待和反作用于环境。其次，个体的内在因素，如感知、期望、情绪等，是影响个体行为模式及强度的重要变量。实际上，个体所生活的空间不是客观的物理环境，而是个体所体验的心理环境，而外部存在的事实（环境），也只在映射到个体心理层面之后，才能影响个体的行为；而外部不存在的事实，如果能成为个体心理的一部分，也能影响其行为。最后，环境对个体的这种影响并不是单向的，个体能决定自身未来发展方向的施为，又会反过来影响环境。

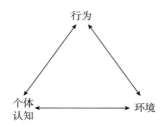

图 3-1　个体认知、行为、环境动态的相互决定关系

社会认知理论的理论基础之一是 Lewin 所提出的"群体动力学"思想。Lewin 将个体行为公式 B=f（P，E）推广至群体研究中，即将 P 视为许多个体，将 E 理解为群体系统中的心理环境，共同决定了群体中个体的认知及行为模式。由此来看，群体动力学所关心的乃是群体中个体行为的各种交互作用、群体行为以及群体变迁的潜在动力及机制等。而建立在这一理论基础之上的社会认知理论也继承了这一观点，从"群体中的个体"视角出发，将个体作为研究的主体对象，但在整个群体行为的大背景（环境）下观察个体的认知及行为模式。

社会认知理论为本书最终形成理论模型提供了思路指引与研究框架。非对称权力结构的营销渠道系统是强势方和弱势方共同身处的微观环境，同时，强势方权力行使的方式与程度也是弱势方必须接受的一个外在变量（环境）。但是，这些外部的环境，只有映射到弱势方的认知层面之后，才能影响弱势方的行为。同时，由于在整个渠道系统中占有数量上的优势，弱势方的行为是影响整个渠道绩效的重要因素，所以不应该被忽视。

第二节　理论模型

对于科学研究来说，理论存在的意义之一就是为研究者提供模型构建的逻辑与主线，进而指导研究者选取变量并推导变量间的关系。在本书中，上文所提到的社会交换理论和社会认知理论正是起到了这样的作用，本书的理论模型"大厦"就建立在这两个理论的基础之上。

首先，社会交换理论告诉我们，营销渠道系统中强势方与弱势方的关系属于组织间（Inter-organizational）交换关系的范畴。某渠道成员实施某种行为的动力建立在从另一成员那里期望得到并且确实得到某些社会报酬的基础之上，而为了继续获取社会报酬，该渠道成员就需要对已获取的报酬进行回报。也就是说，渠道成员之间的相互吸引将导致渠道系统中的交换行为，相互提供报酬这种交换行为又会进一步维系个体之间的相互吸引和交往。只要渠道成员相信这种报酬及对方提供报酬的行为在未来会持续不断地进行下去，那么排除外部不确定性的干扰，该渠道关系就有稳固发展下去的可能。

这里需要注意的是，上述分析并没有限定权力结构的对称状态，也就是说，在以非对称权力结构为特点的渠道系统中，上述结论同样成立。只要弱势方认为强势方的权力行使可以为其提供充足的社会报酬，且愿意承受交换成本，那么弱势方就愿意为强势方付出近似等量（公平原则）的回报（互惠原则），进而驱动渠道关系的稳定发展。

当然，由于处于资源劣势，弱势方并不可能在外在价值方面给予强势方相等的回报。但交换中的公平原则会驱使弱势方做出其最有价值的也是对方最为看重的回报行为，即服从和信任（Blau，1964；Bucklin，1973；Ring and Van de Ven，1994）。本书在第二章已经讨论了服从与合作的关系，并基于 Stern（1971）以及 Kasulis 和 Spekman（1980）的观点将服从看成是弱势方的一种合作行为，并且是最低水平的合作行为。进一步地，当高服从伴随着高信任水平时，本书就认为这是一种高水平的"心悦诚服"的合作。相反，当弱势方认为在交换关系中强势方有"恃强凌弱"的行为表现时（不论这种表现是否真实存在），会"以牙还牙"地报为同样消极的行为，如隐瞒信息甚至伺机欺骗对方以让自己获利（机会主义行为），以及对对方的动机及行为表现出怀疑和警觉（不信任）。

其次，社会认知理论中"群体中的个体"的研究视角，以及对个体认知、行为以及环境三者之间动态决定关系的论述，也同样适用于营销渠道系统中组织间关系的研究。在非对称权力结构的营销渠道系统中，渠道关系及强势方权力行使的方式与程度都是弱势方必须接受的外在环境（情境因素）。弱势方虽然无法控制强势方如何行使它的权力（即权力本身是客观的），但在一定程度上，它可以控制自己如何看待这一权力行使的合法性（即权力合法性是主观的）。

更重要的是，强势方的权力行使行为只有在映射到弱势方的认知层面之后，才能影响弱势方的行为。换句话说，不是客观的权力本身，而是主观的权力合法性决定了弱势方的行为，处于权力占优地位的强势方的行为是否能够被对方所接受并按其要求行事，取决于弱势方对于强势方权力行使是否是"必要、合适和恰当"的感知（权力合法性），而非要求弱势方服从的权力本身（Brenner and Ambos，2013）。

不仅如此，基于社会认知理论，环境对个体的影响并不是单向的，个体能决定自身未来发展方向的施为，又会反过来影响环境。在本书中，弱势方的行为，不论是积极的还是消极的，都会在一定层面上对渠道绩效以及强势方的后续行为①造成影响。同时，由于弱势方在整个渠道系统中占有数量上的优势，其行为是影响整个渠道绩效的重要因素，所以不应该被忽视。

综上所述，社会交换理论和社会认知理论为本书提供了模型构建的逻辑与主

---

①　研究者认为弱势方的行为会影响强势方后续的行为，但本书不准备讨论这个问题。

线。接下来，本书要将理论落地到现实的研究问题中。本书第一章已说明本书要研究的问题，下文将基于社会交换理论和社会认知理论对这些问题进行解答，而本书的理论模型正是整个解释过程的抽象和升华。如图 3-2 所示，本书以实效合法性和道德合法性为前置变量，以渠道绩效为结果变量，分别将服从和机会主义行为、信任和不信任作为中介变量，构建反映权力合法性、弱势方合作以及渠道绩效之间影响机制的理论模型。

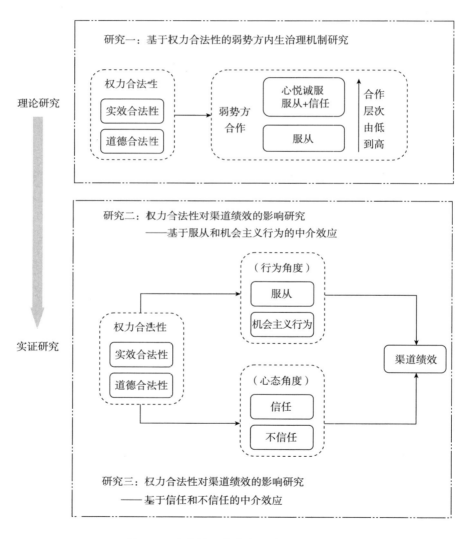

图 3-2　本书的研究内容及其相关关系

本书的研究即是围绕着基于权力合法性的弱势方内生治理机制这一问题展开的，按照从整体到局部的循序渐进原则，本书将用三个研究来阐明这一机制。研究一将以逻辑推导的方法证明权力合法性对弱势方合作的影响路径及机制，旨在从理论上论证基于权力合法性的弱势方内生治理机制的存在性及合理性。

在研究一的基础上，研究二和研究三分别基于内生治理机制"自我控制行为"与"自我调整心态"两大重要视角，并参考钱丽萍和任星耀（2010）基于经销商视角将合作行为区分为信任和专项投资（行为）的做法，分别使用"行为"和"心态"两套中介变量，对基于权力合法性的弱势方内生治理机制进行实证检验。其中，研究二是基于"行为"视角，检验服从和机会主义行为在基于权力合法性的弱势方内生治理机制中所起的中介效应；研究三是基于"心态"视角，检验信任和不信任在基于权力合法性的弱势方内生治理机制中所起的中介效应。

第三节　关键概念的界定

在进行假设推演和实证检验之前，要对研究中涉及的关键概念进行界定。定义（Definition）亦称界说，是"提示概念和名词所表达的共同属性（即内涵）的逻辑方法"[①]。虽说本书在文献回顾中已经梳理了前人对各个关键概念的定义及分类方法，但即使是同一概念，由于每个人对其会有不同的理解，且研究问题以及研究视角不一，同一概念也呈现不同的含义（李怀祖，2004），因此，有必要在假设推演和实证检验之前，结合本书的研究问题与研究视角，就上述理论模型中的关键概念给出最适宜本书所要进行的研究的定义。

一、权力合法性

在前文关于权力、合法性以及权力合法性文献的基础上，结合研究问题，并基于弱势方的研究视角，本书将权力合法性界定为：某弱势方（观察者）得以

---

① 李怀祖. 管理研究方法论［M］. 西安：西安交通大学出版社，2004：50.

近距离观察强势方使用权力的行为，进而形成其权力行使是否必要、正当和恰当的感知。

进一步地，基于 Suchman（1995）、Tyler（1997）和 Tost（2011）的观点，本书将权力合法性分为实效合法性和道德合法性两类。其中，实效合法性指的是弱势方基于"自利"标准的合法性感知，主要是看强势方及其行为是否提高弱势方的某项物质利益或达到某个目标。道德合法性指的是弱势方基于被强势方对待的方式（是采用独裁和高压的手段对待对方还是充分尊重对方的自主权）而进行的合法性感知。换句话说，当弱势方认为强势方能在交往过程中尊重自己的独立性和自主性，将自己看成是地位平等的合作伙伴而非下级时，就会认为对方具有道德合法性。总的来说，实效合法性和道德合法性反映了弱势方基于不同标准对强势方权力行使的感知与评价。在本书中，除非特殊说明，"实效/道德合法性"与"弱势方对强势方权力行使的实效/道德合法性感知"是可以相互替换的。

二、服从和机会主义行为

在非对称权力结构的营销渠道中，服从一词描述了弱势方对强势方要求的履行程度，是弱势方合作意向的反映。在现有营销文献中，学者们对服从有不同的看法，主要的争论点有：①服从是主动地积极配合还是被动地因为监管而不能不为之？②服从究竟是一种态度还是一种行为？当然，概念的界定无所谓对错，结合本书的研究问题，在综合考虑 Brill（1994）、Hunt 等（1987）、Payan 和 McFarland（2005）以及 Kashyap 等（2012）观点的基础上，本书将服从定义为：为了维持现有关系，弱势方公开显露地主动遵守强势方所制定的规则、程序、要求及命令等的行为。

1975 年，Williamson 将机会主义行为这一政治学概念引入经济学范畴，意指在背地里用不正当的手段追求自身利益的行为，这里的不正当手段包括偷窃，欺骗，故意提供不完整或有误的信息误导、扰乱对方以及其他迷惑对方的隐蔽手段（Williamson，1985）。本书基于 Williamson（1975，1991）的观点，采用广义的机会主义行为概念，将弱势方的机会主义行为界定为：弱势方在背地里用不正当的手段追求自身利益的行为，包括违反正式合同、社会规范以及非正式协议的行为。当然，虽然不是每一个弱势方都会这么做，但机会主义行为也并非无迹可寻，它是一个内生变量，其水平受到弱势方对强势方权力行使的合法性评估的影响。

三、信任和不信任

在早期研究信任的文献中，信任和不信任被看成是一段线段的两端，它们之间只有信任量的差别，高的不信任就是低的信任（Rotter，1971）。20 世纪 90 年代开始，研究者们开始了对不信任的专门研究，将不信任作为与信任相独立的变量对待。对此，Lewicki 等（1998）总结性地提出三个命题：①信任和不信任不是同一个概念的高低层次，而是两个不同的变量；②它们可以共存；③它们有不同的前置变量和结果变量。

基于 Mayer 等（1995）及 Rousseau 等（1998）的研究，本书将信任界定为由于对被信任方的意向或行为抱有正面的期望因此可以放心地将自己的脆弱地带暴露人前的心理状态；而将不信任界定为信任方对被信任方的意向或行为抱有负面的期望因此对被信任方怀疑和戒备的心理状态（Lewicki et al.，1998；Kramer，1999；Cho，2006）。基于语义上的相关性，这两个概念有许多共通的基础，但包含的含义却不同。

四、渠道绩效

渠道绩效，又称关系绩效（Relationship Performance），是描述渠道系统整体效能和效率的变量，它的得分高低反映了渠道系统功能的执行情况、渠道治理水平以及渠道的健康状态。参考前人的做法，本书同时使用结果评估和整体财务绩效（一方对渠道销售增长率、利润增长率和总利润的主观评价）来测量渠道绩效。

第四节　命题与假设

这一节将对上文提出的理论模型进行拆解，将其细化为命题及可操作的研究假设。命题（Proposition）和假设（Hypothesis）均是对两个或两个以上概念

（变量）之间关系的陈述，其提出必须基于文献，以前人的研究工作为基础。但命题在逻辑上成立即可，未经过也不需要在研究中验证；而假设描述了变量间的关系，是对某种行为、现象或事件的有待检验的解释，必须通过数据或事实检验其是否成立。假设的设计将影响到后续研究对象（总体与样本选取）的选择、研究程序与步骤的设计、数据收集与分析技术的使用。

本书在总体上是要探究基于权力合法性的弱势方内生治理机制的问题，即弱势方对强势方权力行使的实效合法性和道德合法性的感知对整体渠道绩效水平的影响机理。落实到操作层面，本书将先对"基于权力合法性的弱势方内生治理机制"做理论推导（研究一），在此基础上，再分别基于"行为"和"心态"的视角，用两个子研究（研究二和研究三）来分别检验服从/机会主义行为以及信任/不信任在基于权力合法性的弱势方内生治理机制中的中介效应（见图3-2）。研究者希望能通过下述理论推导和实证检验实现本书的研究目标，并对研究问题进行有效解答。

一、研究一：基于权力合法性的弱势方内生治理机制研究

治理是"对良好的秩序以及可行的（组织）安排的设计"（Williamson，1995），其目的就是要构建"有组织的交易方式"（Williamson and Ouchi，1981）。在治理的过程中，个体既可以依靠外部的力量推动秩序的建立，也可以基于自身内在的考虑而实现自我指引与约束，这即是前文所提到的两种治理机制——外生治理机制与内生治理机制。

但治理并不等于控制，它不是单方行为（张剑渝，2005）。即使是在强势方的权力控制之下，弱势方也可以有属于自己的治理模式（Subramani and Venkatraman，2003）。然而，现有的弱势方角度的治理研究主要关注其如何去抵御强势方的权力控制，这实际上是将弱势方摆在了强势方的对立面上，这样以对方为敌的假定容易造成渠道冲突，降低渠道绩效水平。

另外，Mulder（1977）曾提到，在非对称结构的权力关系中，只有在双方之间权力优势的差距较小的情况下，弱势方才有动力去抗争，采取上面提到的竞争导向的治理模式。笔者通过观察也发现，并不是所有的弱势方都会选择奋起抗争，他们中有不少是很"认命地"甚至是"心悦诚服地"服从于强势方的权力控制。那么，促使这部分弱势方采取合作心态/行为的动因是什么？这些

动因又是如何起作用的？这即是本书要研究的合作导向的弱势方内生治理机制。

本书选取权力合法性作为治理机制的重要动因，认为弱势方选择"认命"及"臣服"的关键在于其对强势方权力行使的实效合法性和道德感知的高低。当弱势方认为强势方的权力行使具有合法性时，这一心理状态会引导其进行自我内部的调整，即使是在严重非对称的权力关系中，其也自愿接受强势方的影响，并将强势方的命令与要求内化为自身需要遵守的规则（Lusch and Brown，1982），从而减少反抗意愿保持合作关系。换句话说，高的权力合法性可以增进弱势方对强势方行为的理解和信心（态度），提高弱势方的合作意向（行为），并最终促进渠道稳定发展与绩效提高（Suchman，1995）。这就是基于权力合法性的弱势方内生治理机制。不同角度的治理模式研究以及本书的研究视角如图3-3所示。

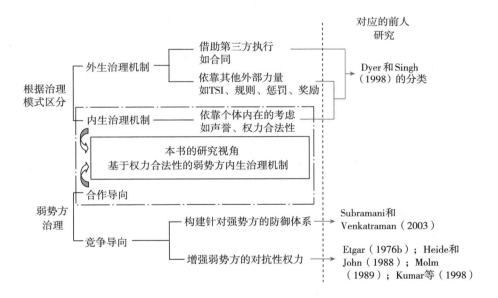

图3-3 不同角度的治理模式研究以及本书的研究视角

在正式讨论基于权力合法性的弱势方内生治理机制之前，本书会对非对称权力结构下的关系情境和弱势方动机做出若干假定（Assumption），主要包括：①弱势方合作的不同层次；②弱势方在渠道关系中的影响力；③效率与公平原则。这些假定构成了下文讨论的重要前提，本书将基于此推导出相关命题。

（一）若干设定

1. 弱势方合作的不同层次

合作是同时以目标和合作对手为中心的、基于共同目标和联合行动的行为集合（Stern，1971）。根据权力的对称性，组织间合作可分为两种类型：在对称的权力结构中，由于双方的力量均衡，关系各方都不敢先破坏联盟，这是第一种合作，它带有一定程度上的防御性；第二种合作出现在非对称的权力结构中，强势方会有意通过某些行为影响弱势方的观念，弱势方受此观念诱导而按照强势方意愿行事，这即是另一种合作（Stern and Reve，1980）。本书讨论的正是后一种合作类型，并且从弱势方的视角出发，将弱势方合作界定为"弱势方基于某些观念①诱导而倾向于以强势方及其目标为中心，按其意愿来行事"。

合作分为不同的层次，弱势方合作也是如此。基于 Brill（1994）的观点，弱势方合作按合作水平的高低分为两个层次。最低层次的弱势方合作是服从（Kasulis and Spekman，1980），即"为了维持现有关系，弱势方遵守强势方所制定的规则、程序、要求及命令等的公开行为"。然而，服从仅仅描述了合作的外在层面。就弱势方的态度来看，他愿意按强势方意愿行事，究竟是一种"人在屋檐下，不得不低头"的暂时和勉强之举，还是在对强势方抱有高度信心和正面期望基础之上做出的发自内心的选择？Brill（1994）将后一种情况称为遵从（Conformity），认为它同时强调态度上的接受和行为上的服从，即中文所讲的"心悦诚服"，这是一种高层次的弱势方合作。

2. 弱势方在渠道关系中的影响力

受限于权力劣势地位，弱势方在渠道系统中的存在感较低，强势方的行为被认为是影响渠道关系建设的关键所在（Frazier and Rody，1991；Kumar，2005）。但中国古语有云，"水能载舟，亦能覆舟"②。作为渠道关系中数量占优的多数方，弱势方对权力的服从与支持，是影响渠道权力是否能够被顺利行使的重要因素（Bucklin，1973）。

进一步地，渠道权力系统与社会权力系统还稍有不同——在前者中，弱势方是有退出的可能的（不论高低），而从后者中退出则要付出巨大的代价，甚至是毁灭性的。如果弱势方将退出作为一种威慑手段，只要他能让对方相信这种威慑

---

① 比如利益、己方目标的达成、彼此价值观一致的感知等。
② 语出《荀子·哀公》，原文是："君者，舟也；庶人者，水也。水则载舟，水则覆舟。"

是可能发生的，他就可以争取到部分话语权——强势方如果不想失去合作伙伴，就必须在权力行使上有所收敛（Frazier and Rody，1991），因此，威胁退出被看成是一种破坏性资源（Kumar et al.，1998），弱势方因此而拥有对整个渠道结果实施影响的能力。

综合上述分析，本书假定在非对称权力结构的渠道关系中，弱势方对强势方权力行使的反应（感知、态度及行为）也是决定双方是否能够建立长期稳定的合作性关系的重要因素。

3. 效率与公平原则

效率（Efficiency）一直都被认为是经济决策中一项重要的评价准绳。经济体总是在追求利润最大化和永续经营，而经济决策就是基于这一目标在综合衡量成本与收益之后所做出的理性选择。在本书中，弱势方是否会选择合作，以及会选择哪一层次的合作都受到效率原则的影响。

公平（Equity）是效率原则之外另一项重要的准则，尤其在非对称权力结构的渠道关系中更是被弱势方所重视（Kumar et al.，1995a）。但公平不等于平等（Equality），前者是指交易双方能够按其投入获取等比例的利益，后者则要求利益均分，即"不患寡而患不均"中的"均"。公平的交易常常带有礼尚往来的互惠成分（Blau，1964）——只要从长远和整体上来看双方都取得了与自己投入等比例的那份收益就够了，并不计较一时的得失；事实上，这次的"失"会带来预期的更多的"得"。

效率与公平作为在合作性组织间关系研究中的两个重要评估原则（Ring and Van de Ven，1994），它们之间是互相包容、相互促进的。公平和平等相比，本身就带有效率的成分（Kabanoff，1991），是一种"不患均而患寡"的行事导向①。因此，本书假定弱势方在做出合作决策的同时会追求效率和公平，并由此决定对强势方的心态与行为。

（二）命题的提出

本书将权力合法性分为实效合法性和道德合法性两类。其中，实效合法性指的是弱势方基于"自利"标准的合法性感知，主要是看强势方及其行为是否提高弱势方的某项物质利益或达到某个目标。这里所提到的利益不仅包括经济层面

---

① 而平等带有了更多的和谐共处的成分——只要均分，大家就会皆大欢喜，并不计较因此而造成的效率损失，即"不患寡而患不均"。

上的回报（如带来更多的顾客），也包括非经济层面上的回报，如品牌价值的提升或弱势方依靠与强势方的关系获得贷款等。而道德合法性指的是弱势方基于被强势方对待的方式（是采用独裁和高压的手段还是充分尊重对方的自主权）而进行的合法性感知。换句话说，当弱势方认为强势方能在交往过程中尊重自己的独立性和自主性，将自己看成是地位平等的合作伙伴而非下级时，其就会认为对方具有道德合法性。

1. 实效合法性和道德合法性对服从的影响

由于自利考虑是商业合作的基础假定，所以本书认为实效合法性是弱势方选择是否服从强势方的重要出发点和必要条件。企业的产生源于对利益的追求，企业的一切活动都是围绕着利益这个终极目的而展开的①，没有利益企业就没有存在的意义，非对称权力结构渠道关系中的弱势方当然也是如此。作为从事生产或流通业务的独立核算经济单位，渠道关系中的弱势方做出的行为都是为了获取更多的利益。因此，弱势方的服从一定建立在实效合法性的基础上（Andaleeb，1995）。如果强势方权力行使的实效合法性很低，即使弱势方在强势方的权力统治下得到了充分的尊重并享有自主权（高的道德合法性），其也很难保持高的服从意愿；当这种情况长期存在时，弱势方还会退出该段关系。因此，本书提出以下命题：

P_1：只有在强势方的权力行使存在实效合法性的情况下，弱势方才会选择服从。弱势方对强势方权力行使的实效合法性的感知是弱势方选择服从的必要条件。

Gouldner（1959）认为，独立与自主是每一个个体组织的追求，这种追求并不因身处权力低位而降低。每个独立的渠道成员，无论在系统中是否占据有利的权力位置，其都会追求自身决策的独立性和行为的自主掌控感（Hunt et al.，1987）。因此，当弱势方感知到对方能以一种尊重而友好的方式对待自己时，其对自尊和自由的需要就能得到满足，这会激发弱势方对强势方的感恩和报恩态度，进而促进弱势方服从于强势方。

---

① 当然，企业在现阶段越来越重视对外部社会责任的承担，这包括不破坏和保护自然环境以及友善对待社会环境。社会责任的承担会寻致企业短期成本的增加，这表面上是一种利他行为。但从长远看，企业承担社会责任的成本可以与为自身成长创造良好的环境而获得的长期利益（如在消费者心目中建立正面形象、政府的税收减免与其他政策扶持等）相抵消。因此，总的来说，企业承担一定的社会责任并不违背其追求利益的终极目标。

如果强势方的权力行使存在道德合法性，即使道德合法性很低，但只要有高的实效合法性，弱势方也还是会选择服从于强势方。Kabanoff（1991）曾提到，尽管权力最开始是基于个人或群体所控制的关键资源产生的，但时间一长，权力格局关系就会变成一种惯例，弱势方会从心底接受强势方的领袖地位，分配时利益偏向强势方也就会被关系双方看成是理所当然的。这时，即使强势方的权力行使行为已是"事实上"的独裁，但也会被弱势方认为是理所当然的。只要给予的利益足够丰厚，弱势方还是会选择服从于强势方。综上所述，本书提出以下命题：

P_2：如果强势方的权力行使存在道德合法性，则弱势方会选择服从。弱势方对强势方权力行使的道德合法性的感知是弱势方选择服从的充分条件。

2. 权力的非对称性程度

Zhuang 和 Zhou（2004）曾提出"找靠山"理论，对西方学者所提出的"依赖给予了被依赖方以控制对方的权力"的论断进行了方向上的改动。他们认为，在中国文化下"权力差距影响依赖水平"，即渠道中的弱势方会倾向于寻找更为强大的靠山，双方的权力差距越大意味着该靠山越大，因此弱势方就更愿意与之建立合作关系，愿意依赖于他。Blau（1964）也认为，如果存在 A、B 两个个体，他们的权力都大于 C，即对于 C 来说 A 和 B 都是强势方，但相对而言，A 的权力要大于 B，那么，C 会选择依附于 A，因为依附权力较大的一方所得的利益要大于依附权力较小的一方所得的利益。

故本书认为，权力的非对称性程度会提高弱势方对实际利益所得的感知，进而更愿意与强势方保持合作关系，其选择服从的可能性提高，由此提出以下命题：

P_3：给定其他条件，权力的非对称性程度越高，弱势方对强势方权力行使的实效合法性的感知越高，其服从意愿也随之提高。

社会心理学的相关研究发现，地位（Status）反映了某群体中层级次序的等级（Bhattacharya，2012），权力地位越高的个体，就会越倾向于认为自己有资格向低权力者发号施令，同时也越倾向于认为自己可以凌驾于社会规范之上（Ridgeway，2002）。因此，在许多高权力方看来，依据权力优势地位而为自己谋取精神上的控制感以及物质上的利益是很正常的事情。基于这一逻辑，高权力方就极有可能在社会系统中剥削和压迫低权力方（Hoffman and Spitzer，1985）。

渠道系统是社会系统的一部分，在非对称权力结构的渠道系统中，也存在高权力地位的强势方和低权力地位的弱势方。权力的非对称性程度越高，强弱双方之间的权力差距越大，强势方就越容易在权力行使中恣意妄为，将个体意志强加于弱势方之上，强迫其遵守自己单制定的合作条款及程序。这样的做法往往与弱势方追求自主和自尊的需求相左，降低其对强势方权力行使的道德合法性的感知，并进而降低服从意愿。由此，本书提出以下命题：

P₄：给定其他条件，权力的非对称性程度越高，弱势方对强势方权力行使的道德合法性的感知就会越低，其服从意愿也会降低。

然而，虽然权力差距给予了强势方恣意使用权力的可能，但并不是所有的强势方都会这么做。Frazier 和 Rody（1991）认为，上述结论没有考虑到强势方滥用权力的成本。即使是弱势方，其也有合作价值，强势方也需要弱势方参与合作以提高对渠道的控制能力，增强自身乃至整条渠道的竞争能力，最终提升经济收益。因此，当考虑到恣意使用权力的行为会伤害到弱势方的合作意向，最终自己也会遭受损失时，强势方可能会进行自我约束并控制权力的行使，更多地使用非强制性影响策略而不是强制性影响策略，做出更为宽松的权力行使行为。

而站在弱势方的角度，Ridgeway（2002）发现，自我评价会使低权力的一方认为高权力者是有资格向自己发号施令的，自己理应接受比高权力者更多的社会规范束缚。也就是说，权力的非对称性程度越高，弱势方越容易在心理上放弃被"道德地"对待的期待。在弱势方已形成这种"被控制和被剥削"的心理准备之时，如果强势方主动约束和控制其权力的行使，改善其对待弱势方的方式（弱势方能体会到高的道德合法性水平），那么弱势方基于"互惠"和"回报"的心理而选择服从强势方的可能就会大大提高。更进一步地，道德合法性会扭转命题 P₄ 中提到的权力的非对称性程度与弱势方服从之间的负向关系，使在高不对称权力结构的渠道关系中也存在弱势方选择服从的可能①。由此，本书提出以下命题：

P₅：高的道德合法性会减弱甚至扭转权力的非对称性程度与弱势方服从之间的负向关系。

3. 弱势方合作的不同层次

Suchman（1995）认为，权力合法性不仅会影响观察者的行为，也会影响他

---

① 这一推论已符合 Kumar（2005）所提出的"非对称权力结构的营销渠道之中是否能出现合作关系，关键在于强势方如何选择自己的行为"的论断。

对组织的看法，并最终导致两种不同层次的观察者行为：一种是积极的支持，另一种则是被动的默许。本书认为，权力合法性的高低会影响弱势方对不同层次合作行为的选择——既可能是低水平的服从，也可能是高水平的心悦诚服。

实效合法性决定弱势方是否会选择合作。如果弱势方认为强势方的权力行使不能为自己带来利益的话，那么合作关系必然无法维系。但即使是高的实效合法性促使弱势方选择了合作，其合作层次也是有区别的，而影响弱势方不同水平的合作选择的重要因素，就是道德合法性。

如图 3-4 所示，低的道德合法性无法刺激弱势方对强势方的信任感，虽然高的实效合法性保证了强势方是有合作价值的，但弱势方却缺乏对其正面行为的期望和信心（低信任）（Suchman，1995），甚至会产生对其负面行为的高期望和怀疑（不信任），因此弱势方的合作也只能限于表面上的服从，而非发自心底的积极支持。相反，在高的实效合法性下，若弱势方又认为强势方能够尊重自己的独立性和自主性，将自己看成是地位平等的合作伙伴而非下级时，他不但会认为对方是有合作价值的，而且会将其正面行为视为是有意义的、会必然发生的，对对方充满信心。这时，弱势方的合作行为就体现为一种积极的、心悦诚服的支持（Suchman，1995）。故此，本书提出以下命题：

P_6：实效合法性决定弱势方是否选择合作，在此基础上，道德合法性决定弱势方会选择哪一个层面的合作。当道德合法性和实效合法性都很高时，弱势方会选择心悦诚服的合作；而低的道德合法性和高的实效合法性会促使弱势方选择低水平的合作形式，即服从。

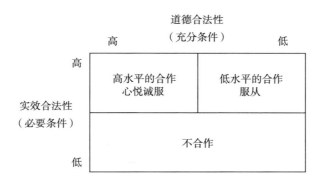

图 3-4　权力合法性与弱势方不同层次的合作之间的关系

二、研究二：权力合法性对渠道绩效的影响研究——基于服从和机会主义行为的中介效应

营销渠道系统，顾名思义，意味着相互独立的供应商和经销商之间是以系统化和整体化的方式行事的（Kasulis and Spekman，1980），其最理想的状态是能达到单个企业内层级组织运作的协调效率（Williamson，1975），但这需要渠道成员在某种治理机制的约束下调整和约束自己的行为，促进相互合作，以实现渠道的整体目标和最大化渠道绩效水平（Johnston et al.，2004；钱丽萍和任星耀，2010）。

如前文所述，合作是同时以目标和合作对手为中心的行为集合，其特征是共同目标和联合行动，意味着"要抑制自我为中心的行为驱动"（Stern，1971）。服从是一种合作行为（Kasulis and Spekman，1980），在非对称权力结构的营销渠道系统中，对于强势方来说，服从是弱势方合作行为的具化形式，本书将其定义为"为了维持现有关系，弱势方公开显露地愿意主动遵守强势方所制定的规则、程序、要求及命令等的行为"。服从是强势方行使权力与达到其期望的结果之间不可缺少的一环。Blau（1964）认为，弱势方较低的服从意愿损害了权力的有效性，甚至可以说，不被服从的权力就不能称为权力。

但是，高服从并不能完全等同于真正的合作，"阳奉阴违"这一成语就描述了表面上服从但在背地里做手脚的行为。可见，要实现共同目标和联合行动，提高渠道系统整体运行的效率和效能，必须双管齐下：一方面，增加弱势方公开的服从行为；另一方面，要尽可能地降低弱势方暗地里做手脚的动机与可能，即抑制弱势方的机会主义行为。

故此，本书在研究二中同时考虑了服从和机会主义行为这一对相互独立但含义相背的行为变量（Gilliand and Manning，2002；Kashyap et al.，2012），以期能够更加全面地描述基于"自我控制行为"视角的弱势方内生治理机制，研究二的模型如图3-5所示。

（一）权力合法性对服从的影响

实效合法性即弱势方基于"自利"标准的权力合法性感知。在对强势方及其行为进行近距离观察之后，弱势方根据"这是否能提高我的某项物质利益或达到我的某个目标"这一标准感知强势方权力行使的实效合法性。基于社会认知理

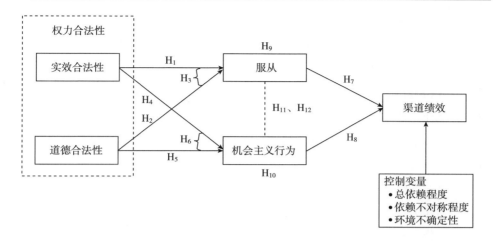

图 3-5　研究二的模型

论可知，不论强势方使用何种权力类型（强制性权力或非强制性权力），都要先使弱势方在心理层面形成感知进而才能影响弱势方的行为。出于认知可能存在的偏差，尤其是受到"自利"需求这一强大的干扰，即使强势方使用的是强制性权力，也有可能引发弱势方较高的实效合法性感知。

　　在组织间的商业合作关系中，相互性的利益交换是关系保持稳定且长久的基本游戏法则（Gilliland and Manning，2002）。有研究认为这样的互惠关系存在于权力相对对等的组织间关系中（Kabanoff，1991）。但实际上，基于社会交换理论，在非对称权力结构的渠道关系中，当弱势方感到从强势方处得到了许多好处和利益时，其就会产生强烈的回报责任感和义务感，但由于身处资源劣势无法给予强势方相等的好处与利益，所以其往往会选择将服从行为作为对上述报酬的回报（Blau，1964），这同样也是一种互惠关系。因此，基于互惠的逻辑可以认为，弱势方认为强势方权力行使的实效合法性越强，其服从意愿越高。

　　另外，实效合法性会改变弱势方对服从行为本身的态度，进而影响其服从意愿。Werhane（1989）认为，"自利"并不等同于"自私"，"根据亚当·斯密的说法，一个理性的人是顾虑周到的、合作的以及公平的，这都是因为这么做符合他的利益因此自然而然"[1]。Zhuang 和 Zhou（2004）也提到，中国文化环境中有

----

① Werhane P H. The role of self-interest in Adam Smith's Wealth of Nations [J]．Journal of Philosophy，1989，86（11）：680.

自己独特的权力依赖关系，即"找靠山"。弱势方认为强势方权力行使的实效合法性越强，就意味着强势方对他来说越是重要有力的"靠山"。正是因为弱势方是从"自利"的角度上去决定是否要服从的，利益上的诱导增加了服从行为的吸引力（Buckln，1973），因此其愿意依附于这座靠山的意愿较强，即服从意愿较强。由此，本书提出假设：

H_1：弱势方对强势方权力行使的实效合法性的感知会正向影响弱势方的服从。

道德合法性是弱势方基于被强势方对待的方式而进行的合法性感知。当弱势方认为强势方在交往过程中能够尊重自己的独立性和自主性，将自己看成是地位平等的合作伙伴而非下级时，就会认为强势方的权力行使具有道德合法性。该概念的核心内涵是弱势方对独立性和自主性的渴望（Hunt et al.，1987）与来自强势方的层级压力是否冲突。

层级结构（Bureaucratic Structure）用于描述一种协调多方工作的大规模管理系统。Chandler（1977）提出了"看得见的手"这一观点，认为当协调管理之手代替了"看不见的"市场之手时，以层级结构为主要特征的企业就代替了市场机制并由此而降低了交易成本。而 Williamson（1975）却认为，层级结构并非只存在于单个组织之中，在组织与组织之间也存在利用层级结构对组织间关系进行协调和管理的可能，但 Williamson 在此仍是从中观的角度强调层级结构对降低交易成本和提高组织间关系效率的正面作用。1984 年，John 在营销渠道领域基于微观的角度探讨了层级结构可能的负面作用，他从层级结构的三维度（正式化、集权化和控制）出发，研究其如何影响渠道成员的态度进而影响其行为。

本书沿用 John（1984）的微观研究视角，认为道德合法性会改变弱势方态度进而影响其服从行为。每个独立的渠道成员，无论其在系统中是否占据有利的权力位置，都会追求自身决策的独立性和行为的自主掌控感（Hunt et al.，1987）。但同时，在非对称权力结构的营销渠道系统中，弱势方却又常被强势方霸道地对待，可蹊跷的是，这种情况却会被关系双方认为是正常现象，是本就该如此的（Kabanoff，1991）。如此看来，一方面希望得到自由和平等，另一方面又认命于当前可能的糟糕待遇，这看似矛盾的态度同时存在于弱势方身上。由此，当弱势方感知到对方以一种尊重而友好的方式对待自己时，实际的处境与预先设想并已遭受的糟糕待遇之间的差别会激发弱势方对强势方的感恩和报恩态度，并进而提升弱势方的服从行为。另外，如果弱势方感到其行为自由受到来自于强势方的不必要的束缚时，其会产生被剥夺独立和自主的感觉（John，1984），因此会产生逆反心理，而且来自于强势方的层级压力越强，其逆反心理也会越强（Kashyap et al.，2012），进而阻碍互惠动机的产生（Davies et al.，2011），降低服从意愿。由此，本书提出假设：

H₂：弱势方对强势方权力行使的道德合法性的感知会正向影响弱势方的服从。

服从是需要成本的，这既包括物质上的付出（如为配合强势方制定的新市场政策而支付的培训费用、渠道调整费用等），也包括心理上的克服与适应（如已习惯传统销售方式的经销商被要求使用新的商品展示手段和支付方式）（Buck-lin，1973）。因此，基于利益所得判断的强势方权力行使的实效合法性会比基于行事正当性判断的强势方权力行使的道德合法性更易促进弱势方的服从。毕竟，相对于"被如何对待"这种"软"考虑来说，利益所得是更为实在的"硬通货"，尤其是在逐利的商业关系中，这种由利益而产生的实效合法性是导致弱势方服从的首要和最重要的条件。由此，本书提出假设：

H₃：实效合法性对服从的正向影响作用要强于道德合法性对服从的正向影响作用。

（二）权力合法性对机会主义行为的影响

根据 Suchman（1995）的观点，实效合法性的本质是隐藏在合法性感知外衣之下的弱势方对自身能够从对方行为及双方关系中所得的现行利益的盘算。高的实效合法性将从正反两方面抑制弱势方的机会主义行为：一方面，当弱势方认为从强势方处已经得到很多好处时，会产生感恩及回报对方的情感，并催生长期合作意向，由此弱势方会自觉约束自己的机会主义行为（Joshi and Stump，1999）。另一方面，也是更为重要的一面，高的实效合法性会提高弱势方实施机会主义行为的机会成本，进而约束其机会主义行为。由于渠道关系中，"以眼还眼，以牙还牙"的策略是买卖双方重要的行为特征（Frazier and Rody，1991），弱势方的机会主义行为一旦被发现就有可能遭致强势方的报复——轻者会被惩罚，重者可能会由此中止合作关系。而 Morgan 和 Hunt（1994）曾指出，"（一方）预期的关系终结成本会使该段关系被（该方）认为是重要的"①。因此，实效合法性越强，弱势方实施机会主义行为的机会成本越高。当机会主义行为所带来的预期损失大于其短期收益时，出于对预期损失的恐惧与回避，弱势方会约束自己的机会主义行为。由此，本书提出假设：

H₄：弱势方对强势方权力行使的实效合法性的感知会负向影响弱势方的机会主义行为。

尽管强势方由于占据资源优势而被赋予了可以影响和控制弱势方营销决策的能力（权力）（Pfeffer and Salancik，1978；French and Raven，1959），但他却无法操纵弱势方对他实施这种影响力和控制力的方式"是否是正确"的判断。就渠道系统中的弱势方而言，其对强势方权力行使的方式"是否是正确"的判断可以聚焦到对强势方是采用独裁和高压的手段还是充分尊重对方的自主权。当弱势方认为强势方能在交往过程中尊重自己的独立性和自主性，将自己看成是地位平等的合作伙伴而非下级时，出于互惠原则，弱势方会在一定程度上收敛自己的欺诈行为，机会主义行为倾向降低。相反，如果弱势方认为强势方是以一种自上而下的威压方式行使权力，而不顾及弱势方对自由决策和自主行事的追求，那么这种权力行使的道德合法性就会遭受弱势方的质疑。伴随着这种质疑，弱势方会产生自主权丧失感（Gilliand and Manning，2002），进而这种整体的束缚体验会形成强有力的动机驱动弱势方采取某些行为以抗衡这种压迫（Brehm，1966），甚至说去报复这种压迫（Morrison and Robinson，1997）。这些行为可能是公开和直接的（如上文讨论的抗拒服从），也可能是隐蔽地蓄意破坏或者是不作为②，机会主义行为即属于这种隐蔽的反抗行为（John，1984；Joshi and Arnold，1997）。另外，Kramer（1999）也认为，在被严密控制的情况下，个体会从心理上对这种层级控制产生抵制感，因此即使是最诚实的个体也倾向于对监督者撒谎。由此，本书提出假设：

H₅：弱势方对强势方权力行使的道德合法性的感知会负向影响弱势方的机会主义行为。

---

① Morgan R M，Hunt S D. The commitment-trust theory of relationship marketing [J]. Journal of Marketing，1994，58（3）：24.

② 机会主义行为包括主动的机会主义行为和被动的机会主义行为（Wathne and Heide，2000）。

由于机会主义行为往往在暗处进行①（John，1984；Joshi and Arnold，1997），对于行为实施方来说，最好的结果是该行为永远不被对方发现，以在不被惩罚和报复的情况下长期满足私利。因此，如果希望弱势方在以为对方无法察觉（虽然实际可能并不如此）其行为之时保持"慎独"，那么道德上的认同要比利益上的引诱更能起到使弱势方进行自我约束和自我控制的作用（Kasulis and Spekman，1980）。由此，本书提出假设：

H_6：道德合法性对机会主义行为的负向影响作用要强于实效合法性对机会主义行为的负向影响作用。

（三）服从和机会主义行为对渠道绩效的影响

渠道目标的达成，需要渠道成员之间的通力合作，这里的通力合作指的是双方都展现出了愿意为共同的关系利益而调整自身计划的意愿。而在非对称权力结构的渠道关系中，强势方的角色是固定的，于是上述的通力合作就演化成了弱势方按照强势方的要求和命令单方面调整自身的行为，即弱势方的服从。另外，需要重点提及的是，在非对称权力结构的渠道关系中，数量上占优的弱势方通常在地理上高度分散，他们各自有各自的目标和生存环境，自然会形成不同的行为方式和处事经验，并可能会与所合作的强势方产生利益上的冲突（Hewett and Bearden，2001）。因此，要实现整体渠道绩效目标，就更加需要弱势方听从并高度配合强势方的要求和命令，以统一利益冲突，实现行为上的高度统合。Kumar 等（1992）在基于经销商视角对渠道绩效的研究中，就曾提到经销商对其供应商渠道政策和程序的接受程度是该供应商是否能按其所愿将商品运送至最终消费者处的重要影响因素，这也就是说，经销商的服从会影响供应商对整条渠道的控制力度。由此本书认为，服从作为合作行为的一种特殊表现形式（Kasulis and Spekman，1980），可以降低双方之间的交易成本并最终提高渠道绩效。由此，本书提出假设：

H_7：弱势方的服从会正向影响渠道绩效水平。

机会主义行为本质上是一种背叛行为（Muris，1981）：一方期待其合作伙伴可以按规范办事、践行诺言、履行正式合同及隐形契约，但另一方却辜负了上述

---

① Williamson（1975，1991）将机会主义行为区分为公然的机会主义行为和合法的机会主义行为，两者的区别在于前者是指对明确的合同规定的违反，而后者指的是违背社会规范（如道德标准）和非正式协议（如心理契约和口头契约等）行事。虽然说公然的机会主义行为相对而言更容易被发现，但从行为者的意向上看，不管是哪一种机会主义行为，行为者都倾向于在暗地中隐蔽进行。

期望，采用欺诈手段为自己谋利。在非对称权力结构的渠道关系中，如果强势方察觉到弱势方的这一行为，就极易引发双方间的破坏性冲突（Skarmeas，2006），并继而影响渠道绩效水平（Etgar，1978b；Cadotte and Stern，1979；Gaski，1984；Lonsdale，2001；Palmatier et al.，2007）。另外，即使强势方没有察觉到弱势方的机会主义行为，但暗处涌动的机会主义行为使渠道系统在一定程度上脱离监管，干扰双方之间的信息传播，导致渠道系统内部的沟通与信息交换不畅，强势方无法得知来自市场（当制造商为强势方时）或行业（当终端零售商为强势方时）的真实信息，因此也就无法对环境变动做出正确而及时的反应，这最终也会降低渠道绩效水平（Mohr et al.，1996）。由此，本书提出假设：

H₈：弱势方的机会主义行为会负向影响渠道绩效水平。

（四）服从和机会主义行为的中介效应

基于互惠原则，当强势方通过提供利益以及尊重对方的方式向弱势方传递出合作信号之后，对此信号的正面解读（即权力合法性）会激发弱势方产生"你敬我一尺，我敬你一丈"的互惠意向（Blau，1964），双方的正面行为最终共同促进了渠道绩效的提高（Lonsdale，2001；Palmatier et al.，2007）。在这一过程中，弱势方的内在感知对双方关系的正向影响作用是通过弱势方所选择的行为实现的。对此，社会认知理论也认为，个体的内在因素（如感知、期望、情绪等）会影响个体行为模式，并最终会影响个体的外部环境。在这条"感知—行为—结果"的影响路径中，个体的行为变量是链接个体感知与外部结果的重要桥梁（Bandura，1989）。基于以上论述本文认为，权力合法性会影响弱势方的服从和机会主义行为，进而影响渠道绩效水平；在其中，服从和机会主义行为中介了权力合法性与渠道绩效之间的关系。由此，本书提出假设：

H₉：服从中介了（a）实效合法性和（b）道德合法性与渠道绩效之间的关系。

H₁₀：机会主义行为中介了（a）实效合法性和（b）道德合法性与渠道绩效之间的关系。

（五）服从和机会主义行为之间的关系及对渠道绩效的影响

服从是公开的、明面上的正面行为，而机会主义行为则相反，是（对对方）隐蔽的、暗地里的负面行为。所以，一些学者将服从简单地看成是与机会主义行为相对立的一个概念，高服从必然伴随的是低的机会主义行为，反之亦然（Das and Teng，1998）；或者将机会主义行为作为服从的一个负向测量维度，用反向的机会主义行为的得分去反映服从程度（Brill，1994）。2002年，Gilliand和Manning（2002）提出服从和机会主义行为之间可能并不存在互斥关系这一论点。Kashyap等（2012）重提这一观点，将服从和机会主义行为作为独立变量来看待。但这两个研究只是在逻辑上推导了服从和机会主义作为独立变量的可能，并将其并列作为模型的结果变量，而并未验证服从和机会主义行为之间的关系。

基于前人的研究，本书认为服从和机会主义行为是两个独立的变量：高的服从并不意味着低的机会主义行为，即弱势方可以一边公开地按照强势方的要求办事，但另一边却在暗地里投机取巧以为自己获利；同样，低服从也不一定伴随着高的机会主义行为，这也可能是由于自身能力不足无法按照强势方的要求行事，或者受到外部环境的约束。因此，高服从和高机会主义行为可以同时并存，即存在所谓"阳奉阴违"的可能。

由此，本书按行为将弱势方分为四种类型（见图3-6）：①阳奉阴违者，即表现出高服从/高机会主义行为；②模范"公民"，是指高服从/低机会主义行为的个体；③叛逆分子，指的是低服从/高机会主义行为的个体；④低服从/低机会主义行为同时存在的情况，由于这一类行为出现的主要原因是受自身能力限制或者外部环境干扰，因此本书不将其纳入讨论范畴。进一步地，基于前文的分析本书认为，由于服从正向影响渠道绩效而机会主义行为负向影响渠道绩效，因此，在上述三种分类中，模范"公民"、阳奉阴违者和叛逆分子所在的渠道的绩效水平依次递减。由此，本书提出假设：

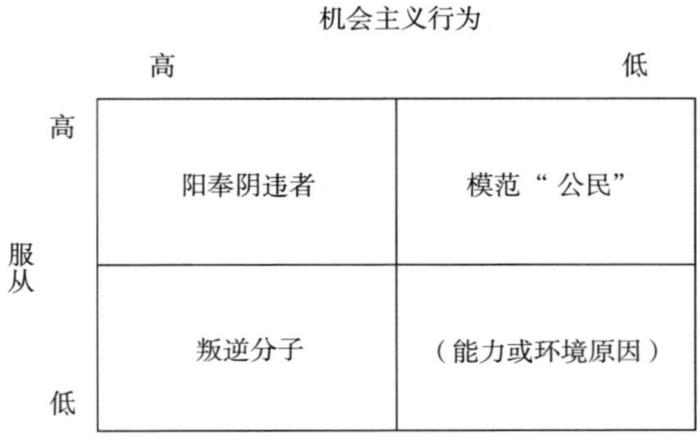

图 3-6　服从和机会主义行为之间的关系

H₁₁：服从和机会主义行为可以共存，即存在高服从/高机会主义行为的现象。

H₁₂：在三种行为类型中，模范"公民"所在渠道的绩效水平最高，阳奉阴违者次之，叛逆分子最低。

三、研究三：权力合法性对渠道绩效的影响研究——基于信任和不信任的中介效应

信任指的是由于对被信任方的意向或行为抱有正面的期望因此可以放心地将自己的脆弱地带暴露人前的心理状态（Rousseau et al.，1998）。对信任的关注在社会学研究中由来已久，可以说，信任是人类社会各项机能正常运转的重要纽带——正因为有了信任的存在，个体间的许多交换行为才能在对未来的正面期望的基础上顺利实现（赫拉利，2014）。由于营销的核心即是交换，因此，信任一直都是营销（尤其是关系营销）研究中的重要变量（Morgan and Hunt，1994），被认为是合作关系质量的本质体现（Dwyer and Oh，1987），是关系嵌入（Relational Embeddedness）^① 的重要特征之一（Jones et al.，1997）。

然而，修昔底德（Thucydides）曾言，"强者为所欲为而弱者忍气吞声"^②，那么在营销实践中，弱势方还能否对强势方产生上述正面期待？有证据显示，相对来说，强势方更容易信任其交易伙伴（Bachmann，2001），但弱势方却较难建立对强势方的信任（Kumar et al.，1995b），虽是如此，但这并不意味着在非对称权力结构的营销渠道关系中就不会出现弱势方对强势方的信任。对此，Kumar（2005）认为关键在于强势方是否能够公平地对待弱势方，而 Sitkin 和 George（2005）则认为权力合法性是在公平行为归因之外，对非对称权力结构中为何可以出现信任的另一种解释。在弱势方眼中，强势方权力行使的合法性程度影响了双方交易关系的"氛围"，进而影响了弱势方对权力的接受程度和认可程度（Blois，2010）。这不仅包括对弱势方反应行为的影响，更重要的是影响了弱势方如何去看待和理解强势方。当强势方的权力行使被认为具有合法性时，强势方及

---

① Granovetter（1992）区分了两种嵌入：关系嵌入与结构嵌入。Jones 等（1997）认为，关系嵌入反映了二元关系中的质量本质，即一方为另一方考虑其目标与需求的程度，以及双方所展现出的包括信任、知识分享等行为；而结构嵌入描述了整个网络结构，强调社会性控制。

② 原文是"The strong do what they can and the weak suffer what they must"，出自：Thucydides. Histroy of the Peloponnesian War［M］. Translated by Rex Warner. London：Penguin Books，1972.

其行为更容易被认为是有意义的、可预测的，以及值得信赖的（Suchman，1995），由此促成了非对称权力结构中信任关系的形成。本书立足于上述研究，基于弱势方视角，从弱势方对强势方权力行使的整体合法性的感知角度出发，研究信任在弱势方内生治理机制中的中介作用。

但仅有信任是不够的！信任意味着弱势方要冒着遭受攻击的风险在某些重要事情上将自己的利益无保留地押在对强势方行为的正面期望之上，这需要弱势方能强有力地保证强势方在交易关系中不会变节（Nooteboom，1996），但在商业关系中，尤其是在具有非对称权力结构特征的渠道关系中，对强势方做出这样的假定并不容易。另外，一方对其交易伙伴倾注的信任越多，其伙伴从违背信任的行为中可能获得的利益就越多，这无时无刻不在诱惑着强势方背弃弱势方的正面期望而采取相反的行为（Granovetter，1985；寿志钢等，2007），尤其是在弱势方本就无法组织监督和控制机制的情境之下。因此，信任在弱势方内生治理机制中所起到的作用是有限的。

相对而言，不信任比信任更适合作为降低对方行为不确定性的机制。弱势方的不信任指的是弱势方对强势方的意向或行为抱有负面的期望因此对被强势方怀疑和戒备的心理状态（Lewicki et al.，1998；Kramer，1999；Cho，2006）。相对于信任的高风险，不信任的成本更低。

现有的研究（见表2-4）虽已经证实信任和不信任是两个相互独立的变量——"我不认为你会为增加我的福利而做什么好事，并不意味着我一定认为你会做伤害我的事情"，但至今未有研究能够将信任和不信任同时作为中介变量来检验其在渠道治理机制中所起的作用。基于此，本书在研究三中同时考虑了信任和不信任这一对相互独立但含义相背的心理变量，以期能够更加全面地描述基于"自我调整心态"视角的弱势方的内生治理机制，具体的模型如图3-7所示。

（一）权力合法性对信任的影响

在非对称权力结构的营销渠道关系中，实效合法性会提升弱势方对强势方能力和善意方面的正向评价，最终提高弱势方对强势方总的信任水平。在合作之初，弱势方依据强势方的企业规模或者行业地位等外部线索对其进行能力信任评价（Doney and Cannon，1997；Jones et al.，1997），但在合作开始之后，弱势方依据更为内部化的证据——强势方及其行为能为弱势方带来多少利益来评判强势

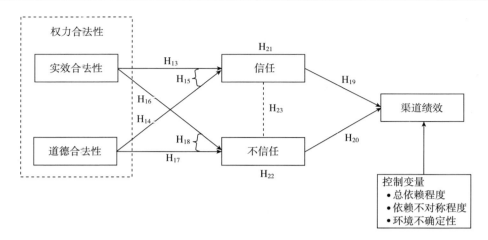

图3-7　研究三的模型

方能力。可以预见，强势方及其行为为弱势方所能带来的利益越多，弱势方越会认为强势方可靠，其基于能力评价的信任也就越高（Sitkin and Roth，1993）。

根据 Nooteboom（1996）对有意性信任的论述，本书相信实效合法性也会影响弱势方对强势方善意方面的正向评价。Nooteboom（1996）认为，在经济交往中，弱势方也可能是基于自利导向而有意地去相信对方会做对自己有利的事情，以期能在一定程度上提高后者按此期望行事的可能。这种裹着信任外衣的自利导向会随着弱势方对强势方权力行使的实效合法性感知的升高而升高，并由此促进弱势方对强势方基于善意评价的信任。

除此之外，弱势方对强势方权力行使实效合法性的感知还会促进弱势方的经济满意，进而促进其对强势方的信任。其中，经济满意指的是渠道成员对其在渠道关系中所得的经济报酬正面的情感反应，它会正面影响信任（Geyskens et al.，1999；Davies，2011）。由此，本书提出假设：

H_{13}：弱势方对强势方权力行使的实效合法性的感知会正向影响弱势方对强势方的信任。

道德合法性会通过正向影响弱势方对强势方善意和正直方面的评价进而促进信任的产生。权力优势本给予了强势方利用权力控制和“压迫”弱势方的机会，这时不管出于什么原因，如果强势方能选择自我控制强制性权力的行使（Frazier and Rody，1991），那么弱势方就可以从中感知到强势方的善意并由此促进信任水平的提升。另外，高的道德合法性意味着弱势方认为自己的独立性和自主性得到了强势方的认可和尊重，这在弱势方看来，能反映出双方在某些价值观和原则上意见一致。进一步地，这种价值方面的一致性评价会提高弱势方对强势方基于正直的信任水平（Conchie et al.，2011）。

道德合法性是弱势方基于被强势方对待的方式对权力合法性的感知。高的道德合法性即意味着（或者说至少是弱势方这么认为的）强势方尊重弱势方的决策自由并将其看成是地位平等的合作伙伴而非下级，这样的合作氛围会促进交易中的双向沟通，使命令不再是单向传递，信息和需求也可以有效地相互交流，这样的沟通环境提高了强势方正面行为的可预测性，进而促进弱势方对强势方的信任（Anderson and Weitz，1992；Morgan and Hunt，1994；Doney and Cannon，1997；Das and Teng，1998）。由此，本书提出假设：

H14：弱势方对强势方权力行使的道德合法性的感知会正向影响弱势方对强势方的信任。

许多研究证实，能力、善意和正直水平正向影响信任（Moorman et al.，1993；McAllister，1995；Mayer et al.，1995），但其影响程度是不对称的（Cho，2006）。相对而言，能力水平是信任较重要的影响因素，而善意和正直对信任的影响效应相对较小（Sitkin and Roth，1993；Komiak and Benbasat，2008；Conchie et al.，2011；Lee et al.，2015）。另外，实效合法性更多地影响弱势方对强势方能力的判断，而道德合法性更多地影响弱势方对强势方善意和正直的判断。由此，本书提出假设：

H15：实效合法性对信任的正向影响作用要强于道德合法性对信任的正向影响作用。

（二）权力合法性对不信任的影响

如前文所述，不信任是信任方对被信任方的意向或行为抱有负面的期望因此对被信任方怀疑和戒备的心理状态。而实效合法性指的是弱势方基于"自利"标准的合法性感知，它的高低反映了弱势方认为其能从强势方处获取的利益的多少。因此，高的实效合法性实际上是弱势方对之前交易中强势方所提供的利益的接受与认可，以及在此基础上承认对方及其行为的正当性。由于强势方之前的行为模式会影响弱势方对其今后行为模式的预期（Dwyer et al.，1987），因此，如果弱势方之前从强势方行为模式中受惠，那么其对强势方今后会从事负面行为的感知就会减少，也不会产生对强势方行为的怀疑和戒备情绪，即实效合法性会降低弱势方对强势方的不信任。由此，本书提出假设：

H₁₆：弱势方对强势方权力行使的实效合法性的感知会负向影响弱势方对强势方的不信任。

道德合法性是弱势方眼中强势方对待自己的方式是否是"必要的、正当的和恰当的"感知。在渠道管理中，一定程度上的正式化、集中化和控制手段自然是必要的，但如果强势方过分地利用自己的权力优势，采用独裁和高压的手段对待弱势方，就会产生负面的结果（John，1984）。

首先，低的道德合法性意味着在弱势方眼中，强势方是"恃强凌弱"的，这会损害弱势方对强势方善意和正直水平的评价，进而导致弱势方对强势方的意向或行为抱有负面的期望以及怀疑和戒备的心理状态（Sitkin and Roth，1993）。

其次，强势方使用带有独裁和高压性质的监管措施对双方关系建设来说是一种结构性屏障。由于这一屏障，双方之间的联系不再紧密而直接，而是需要通过各种功能化的规则和程序来联系，弱势方时刻处于强势方严密的控制之下。这样的紧张关系会增强弱势方对双方权力差距的感知，权力数量和与之相关联的社会身份的感知差异最终会增强弱势方的不信任感（Zucker，1986；Sitkin and Roth，1993；Smith and Barclay，1997；Kramer，1999；Weber et al.，2002）。

最后，高度正式而集中的监管本身就反映了强势方在交易中一切"公事公办"的态度，在中国文化中，这种态度会导致双方关系的疏离。在疏离的双方关系中，如果又感觉到对方的"霸权"，那么弱势方就更易产生对对方"在从事负面行为"的怀疑，以及肯定其"在将来也会从事负面行为"的期望（Kramer and Tyler，1996），导致不信任感增强。由此，本书提出假设：

H₁₇：弱势方对强势方权力行使的道德合法性的感知会负向影响弱势方对强势方的不信任。

相对于基于利益评价的实效合法性而言，基于强势方对待自己的方式评价的道德合法性会在更大程度上影响了弱势方对强势方善意和正直的评价（Hill et al.，2009）。而之前的相关研究也证明，与能力相比，善意和正直是影响不信任产生的最重要变量（Sitkin and Roth，1993；Conchie et al.，2011）。由此，本书提出假设：

H₁₈：道德合法性对不信任的负向影响作用要强于实效合法性对不信任的负

向影响作用。

（三）信任与不信任对渠道绩效的影响

基于社会交换理论，当弱势方选择信任强势方时，其会心甘情愿地做出某些可能会被对方利用的行为，例如投入专用性资产，或者将自己的计划、期望、动机及其他关键信息透露给对方等（Smith and Barclay，1997）。这虽然会为弱势方带来单方面的风险，但却可以降低渠道成员之间的交易成本（Claro et al.，2003），最终提高渠道绩效水平。

另外，双方交易中难免会出现合同没有规定的情况，或者是一些意外事件（例如，供应商在处理订单和发货时出错）。在前一种情况下，信任会促进双方共同计划和灵活安排（Johnston et al.，2004），减少冲突发生的可能；在后一种情况下，持高度信任态度的弱势方更倾向于从正面角度归因强势方的行为，表现出对意外的高度容忍，进而促进渠道交易的正常进行。可以说，信任提高了渠道双方竞争和克服困难的能力（Uzzi，1997），并最终提高渠道绩效水平。由此，本书提出假设：

H_{19}：弱势方对强势方的信任会正向影响渠道绩效水平。

如前文所述，信任和不信任都建立在弱势方对自身易受攻击性的风险感知之上，但两种情况下弱势方应对风险的态度和方式不同（Luhmann，1979；Lewicki et al.，1998）。在信任状态下，弱势方明知信任对方会将自己置于易受攻击的风险之中，但由于其对强势方的行为有充分的正面期望，所以他仍愿意去冒险，即进行所谓"信任的一跃"；而在不信任状态下，弱势方会提高警惕，基于怀疑视角推断对方的一切行为，由此降低自己易受攻击的风险。因此，持不信任态度的弱势方会更加强调自我而不是整体利益，以及更倾向于采取防卫性的不合作立场和道德攻击行为（Liu and Wang，2010），这会加剧渠道关系的冲突，进而降低渠道绩效水平。由此，本书提出假设：

H_{20}：弱势方对强势方的不信任会负向影响渠道绩效水平。

（四）信任与不信任的中介效应

Blois（2010）认为，弱势方对强势方权力行使的合法性的感知会影响双方关系的"氛围"，进而影响双方的合作结果。这里所说的"氛围"即是一种充满"信心"或是"怀疑"的"场"。换句话说，就是信任和不信任中介了权力合法性与渠道绩效之间的关系。

在弱势方看来，高的权力合法性降低了强势方行为的复杂性和不确定性，从而创造了一个"熟悉而安全的世界"（Luhmann，1979；Mayer et al.，1995；Lewicki et al.，1998；Bachmann，2001；McKnight and Chervany，2001；Marsh and Dibben，2005；Van de Walle and Six，2014）。在这个世界中，弱势方认为强势方有极大可能会沿着其"正向的期望"行事，而不用每次都花费心思去猜对方的意图。这样，弱势方会对强势方的未来行为进行不加判断的信任，并基于这种信任完成他们的日常交往。由于信任的存在，当双方交往中出现意外事件时，误会与冲突极易消弭，最终促进双方绩效结果的提高。

　　相反，低的权力合法性，尤其是低的道德合法性，会让弱势方形成强烈的不安全感（Luhmann，1979；Lewicki et al.，1998；McKnight and Chervany，2001；Van de Walle and Six，2014）。基于对自身在未来可能遭受的损失的忧虑，弱势方会带着怀疑和警觉的眼光揣测强势方行为背后的动机并预测其未来可能做出的行为。强势方的异动以及交易中的意外，都可能会成为双方冲突（包括隐性冲突）的导火索，导致双方关系的稳定性降低，渠道绩效降低。

　　综上所述，信任和不信任在权力合法性与渠道绩效之间的关系中起到了重要的中介作用。由此，本书提出假设：

　　H_{21}：信任中介了（a）实效合法性和（b）道德合法性与渠道绩效之间的关系。

　　H_{22}：不信任中介了（a）实效合法性和（b）道德合法性与渠道绩效之间的关系。

　　（五）信任与不信任之间的不对称关系

　　信任与不信任已被多位学者证实是相互独立的变量，学者们所用的研究方法包括非结构化访谈（Hsiao，2003；Saunders et al.，2014）、现场观察（Hsiao，2003）、协议分析（Komiak and Benbasat，2008）、卡片分类（Saunders et al.，2014）、配对比较（Conchie et al.，2011）、问卷调查（Cho，2006；李红菊等，2007；严中华等，2008；Dimoka，2010；Liu and Wang，2010；陈艺妮，2010；Lee et al.，2015）、行为实验以及功能性神经影像（Dimoka，2010）。Dimoka（2010）使用相对客观的功能性神经影像法证实信任和不信任是大脑中不同区域的神经系统受到刺激后产生的相互独立的反应。由此可以说，Lewicki 等（1998）的推断在 21 世纪初得到了实证研究的初步证实。

但以上讨论都是单独针对信任或不信任进行的，同时考虑信任及不信任时情况会有怎样的变化呢？与行为不同，心理因素很有可能会相互遮盖，如同一位离家求学的学子，其悲伤的心境会遮盖掉其寻找新世界的喜悦情绪一样，信任和不信任虽为两个相互独立的变量，但在同一时间同一个体身上展现时，有可能会产生晕轮效应（The Halo Effect），即某些因素会改变其他因素对个体评价原本独立的影响作用（Nisbett and Wilson，1977）。

当同时考虑信任和不信任时，它们之间存在着这样的不对称关系，即相对于建立信任而言，不信任的产生更为容易（Kramer，1999）。这主要是因为：负面线索要比正面线索更易引起个体关注；在形成信任及不信任评价时，负面线索相对于正面线索占据更高的评价权重（Slovic，1993）。

这种信任和不信任的不对称关系在层级结构中低地位者的身上体现得更加明显。Kramer（1996）发现，与高地位者比较，低地位者由于具有更强的依赖性和易受攻击性，所以他们对对方的行为更为敏感，因此，他们既会将对方的某些正面行为看成是对方值得信任的表现，但也更容易从对方的某些不当行为中得出他们不值得信任这一结论。

基于以上分析本书认为，当同时考虑弱势方的信任和不信任时，正面与负面线索对其的影响作用是不同的。当弱势方对强势方的权力行使不论是基于利益还是基于自身被对待的方式都能够给出正面评价时（也就是说，当实效合法性和道德合法性都很高时），就促成了弱势方对对方会做有利于己的事情的信心，同时降低对对方会做有害于己的事情的怀疑，对强势方同时保有高信任和低不信任的心理状态。但是，在弱势方对强势方权力行使的实效合法性和道德合法性的感知过程中，只要有一方面出现负面感知，这一负面线索就会遮盖掉其他正面线索，即产生晕轮效应，使弱势方对强势方的不信任程度增加，而信任程度减少，最终出现低信任和高不信任同时存在的心理状态。由此，本书提出假设：

H_{23}：在实效合法性和道德合法性的高低四种组合中，只有（a）实效合法性和道德合法性都很高时，弱势方才会表现出高信任/低不信任的状态；而（b）其他三种情况都会导致低信任/高不信任的结果。

至此，本书的理论模型已全部被细化为命题及可操作的研究假设，具体如表3-1所示。

表 3-1　本书的命题与假设汇总

研究编号	命题/假设编号	命题/假设内容
研究一	P_1	只有在强势方的权力行使存在实效合法性的情况下，弱势方才会选择服从。弱势方对强势方权力行使的实效合法性的感知是弱势方选择服从的必要条件
	P_2	如果强势方的权力行使存在道德合法性，则弱势方会选择服从。弱势方对强势方权力行使的道德合法性的感知是弱势方选择服从的充分条件
	P_3	给定其他条件，权力的非对称性程度越高，弱势方对强势方权力行使的实效合法性的感知越高，其服从意愿也随之提高
	P_4	给定其他条件，权力的非对称性程度越高，弱势方对强势方权力行使的道德合法性的感知就会越低，其服从意愿也会降低
	P_5	高的道德合法性会减弱甚至扭转权力的非对称性程度与弱势方服从之间的负向关系
	P_6	实效合法性决定弱势方是否选择合作，在此基础上，道德合法性决定弱势方会选择哪一个层面的合作。当道德合法性和实效合法性都很高时，弱势方会选择心悦诚服的合作；而低的道德合法性和高的实效合法性会促使弱势方选择低水平的合作形式，即服从
研究二	H_1	弱势方对强势方权力行使的实效合法性的感知会正向影响弱势方的服从
	H_2	弱势方对强势方权力行使的道德合法性的感知会正向影响弱势方的服从
	H_3	实效合法性对服从的正向影响作用要强于道德合法性对服从的正向影响作用
	H_4	弱势方对强势方权力行使的实效合法性的感知会负向影响弱势方的机会主义行为
	H_5	弱势方对强势方权力行使的道德合法性的感知会负向影响弱势方的机会主义行为
	H_6	道德合法性对机会主义行为的负向影响作用要强于实效合法性对机会主义行为的负向影响作用
	H_7	弱势方的服从会正向影响渠道绩效水平
	H_8	弱势方的机会主义行为会负向影响渠道绩效水平
	H_9	服从中介了（a）实效合法性和（b）道德合法性与渠道绩效之间的关系
	H_{10}	机会主义行为中介了（a）实效合法性和（b）道德合法性与渠道绩效之间的关系
	H_{11}	服从和机会主义行为可以共存，即存在高服从/高机会主义行为的现象
	H_{12}	在三种行为类型中，模范"公民"所在渠道的绩效水平最高、阳奉阴违者次之，叛逆分子最低

续表

研究编号	命题/假设编号	命题/假设内容
研究三	H_{13}	弱势方对强势方权力行使的实效合法性的感知会正向影响弱势方对强势方的信任
	H_{14}	弱势方对强势方权力行使的道德合法性的感知会正向影响弱势方对强势方的信任
	H_{15}	实效合法性对信任的正向影响作用要强于道德合法性对信任的正向影响作用
	H_{16}	弱势方对强势方权力行使的实效合法性的感知会负向影响弱势方对强势方的不信任
	H_{17}	弱势方对强势方权力行使的道德合法性的感知会负向影响弱势方对强势方的不信任
	H_{18}	道德合法性对不信任的负向影响作用要强于实效合法性对不信任的负向影响作用
	H_{19}	弱势方对强势方的信任会正向影响渠道绩效水平
	H_{20}	弱势方对强势方的不信任会负向影响渠道绩效水平
	H_{21}	信任中介了（a）实效合法性和（b）道德合法性与渠道绩效之间的关系
	H_{22}	不信任中介了（a）实效合法性和（b）道德合法性与渠道绩效之间的关系
	H_{23}	在实效合法性和道德合法性的高低四种组合中，只有（a）实效合法性和道德合法性都很高时，弱势方才会表现出高信任/低不信任的状态；而（b）其他三种情况都会导致低信任/高不信任的结果

第五节 本章小结

　　针对首章所提出的研究问题，本书的总体目标是要厘清基于权力合法性的弱势方内生治理机制问题。围绕着这一研究目标，本章选择了以社会交换理论和社会认知理论为理论基础，并立足于这两个理论构建了本书的理论模型，接下来，本章对模型中所提及的各个关键研究变量进行概念的界定，并进一步将理论模型进行拆解，将其细化为命题及可操作的研究假设。

第四章 实证研究设计

　　基于李怀祖（2004）对研究思维过程的论述，本书前三章属于概念化过程（Conceptualization），即将本书的研究设想转化为各个研究命题及假设的过程；在此之后，本书将进入操作化过程（Operationalization）阶段，本章主要是将所研究的各个变量按其定义转化为具体且可观测的测量项目（量表设计），并确定数据收集方案。

第一节　量表设计

　　按照研究模型，本书共包括七个研究变量和四个控制变量。根据 Churchill（1979）在营销量表设计方面的建议，量表项目（Item）可通过文献搜索、经验性调查和个案分析等方法获取。据此，本书研究量表设计的步骤包括：首先，笔者在文献回顾的基础上针对每一变量组合若干测量项目，并经由翻译和回译过程确保测量项目原含义不因翻译而有所损失，形成中文量表。其次，将中文量表交予两位专门进行渠道研究的营销学教授进行内容效度的评估。最后，反复磋商及修改之后，研究者又展开了针对中文量表的小规模经验性调查，三位企业中的高层管理人员参与了此次非正式调查，并分别给予了相应的修改意见。经由上述过程，本书最终形成了 10 个变量测量量表。本节将按照"名义定义→操作性定义/关键属性→测量项目"这一顺序对这 10 个变量量表的设计过程进行说明。

一、权力合法性的测量

权力合法性指的是"某弱势方（观察者）得以近距离观察强势方使用权力的行为，进而形成其权力行使是否必要、正当和恰当的感知"。这一定义是在 Suchman（1995）的基础上发展起来的，它虽在合法性研究中得到了广泛认可，却失之于难以直接测量① （Suchman，1995；Diez-Martin et al.，2013）。因此，需将其转换为可操作的定义。

本书将权力合法性分为实效合法性和道德合法性两类。其中，实效合法性指的是弱势方基于"自利"标准的合法性感知，主要是看强势方及其行为是否提高弱势方的某项物质利益或达到某个目标，其定义的核心是"提高利益"和"目标达成"（Thomas，2005；Diez-Martin et al.，2013）。而道德合法性指的是弱势方基于被强势方对待的方式而进行的合法性感知，主要是看强势方是采用独裁和高压的手段还是充分尊重对方的自主权，其定义的核心是"自主"和"欺压（反向）"（Tyler，1997；Kibler and Kautonen，2016）。结合这些操作性定义，笔者开始设计实效合法性和道德合法性量表的测量项目。

本书首先搜索了与合法性及营销渠道相关的文献研究。如前文所述，现有的合法性研究共有三个视角：一是将合法性等同于制度化，讨论某制度性结构如何在整个社会范围内成为被模仿的模板的过程（DiMaggio，1988）；二是将合法性看成是一种操作性资源或者策略，研究某组织如何去建立、维持、扩展和防护自身的合法性，即合法性策略的选择（Zimmerman and Zeitz，2002；Grewal and Dharwadkar，2002；Kumar and Das，2007；李新建等，2012）；三是将合法性看成是一种个体层面②的感知，研究影响该个体对某组织/对象的合法性评估的因素，或是该合法性评估对个体态度及行为的影响（Suchman，1995；MacLean and Behnam，2010）。在这三个视角中，采用前两个视角的研究多使用定性研究方法③，且与本书的研究视角（第三个视角）不同，故而无法为本书提供有效的量表来源。因此，本书对权力合法性量表的设计，是立足于实效合法性和道德

---

① 也有学者用"必要程度"、"正当程度"和"恰当程度"直接对合法性进行测量（Yang et al.，2012），但这种做法不适合本书。

② 可以是个人也可以是某个组织。

③ 李新建等（2012）采用了定性研究的方法。

合法性的定义，在回顾第三个视角的合法性研究文献以及有关渠道的文献的基础上展开的。

对于实效合法性的测量，Thomas（2005）及 Diez-Martin 等（2013）都使用"你认为这一行为能在多大程度上助其达成目标或取得利益"的单项目测量方式。但考虑到单项目量表可能导致的偏差（Churchill，1979），笔者在这一项目的基础上围绕'达成目标'或"获取利益"的本意，借鉴了渠道文献中 Geyskens 和 Steenkamp（2000）、胡保玲（2007）以及 Blonska 等（2013）的相关量表，形成了本书的实效合法性量表，共计六个项目（见表4-1）。

表4-1　权力合法性的量表设计

变量	名义定义	操作性定义	量表项目	参考依据
实效合法性	弱势方基于"自利"标准的合法性感知	强势方及其行为是否提高弱势方的某项物质利益或达到某个目标	（1）该厂商①为我们带来了更多的顾客 （2）该厂商为我们带来了高质量的销售支持 （3）因为该厂商的缘故，我们在竞争中更占据优势 （4）因为该厂商的缘故，我们能更容易地获得贷款 （5）因为该厂商的缘故，我们抵御市场风险的能力提高了 （6）总的来说，该厂商及其行为对我们来说是有利可图的	Thomas（2005）、Diez-Martin 等（2013）、Geyskens 和 Steenkamp（2000）、胡保玲（2007）以及 Blonska 等（2013）
道德合法性	弱势方基于被强势方对待的方式而进行的合法性感知	强势方是采用独裁和高压的手段还是充分尊重对方的自主权	（1）该厂商制定了许多规则和程序，并强制要求我们严格遵守（N②） （2）该厂商一手操办了合同条款设计，并强制要求我们接受（N） （3）生意上的很多事我们都不能自己做主，必须要请示该厂商（N） （4）在生意上，即使是非常小的事情我们也得报告给该厂商由他们决定（N） （5）我感觉该厂商总是试图控制和监管我们，看看我们有没有按他们的规定做（N） （6）我感觉我们几乎没有自由（N）	Tyler（1997）、Kibler 和 Kautonen（2016）、John（1984）以及 Bill（1994）

注：①此处的"该厂商"指供应商。在经验性调查中，某企业家指出我国经销商并不常将商品供应者称为"供应商"，而是更为口语化地将其表述为"厂商"。本书接受这一意见，将量表中的"供应商"均改为"厂商"，并在此感谢这位企业家的建议。②"N"表示反向测量。

对于道德合法性的测量，Thomas（2005）和 Diez-Martin 等（2013）使用了"权且不论该行为是否有利，客观地说，这是该组织应该做的"这样的测量项目。但本书认为，"应该"一词的范围太过宽泛，而且会受评价者的立场及其所使用的标准所左右，因此必须根据研究情境来确定评价者认为的组织"应该做的事情"究竟是什么。基于此，本书参考了与本书研究情境较为类似的 Tyler（1997）以及 Kibler 和 Kautonen（2016）的研究。其中，前者围绕组织中的个体对权威的合法性感知进行研究（如"他们在决策时会在多大程度上考虑你的意见"、"你认为你在多大程度上得到了他们的礼貌对待"以及"你认为你在多大程度上得到了他们的尊重"等）；而后者则是针对个体对创业者的道德合法性评估（如"创业者都是压榨其他人劳动的人"）展开研究。由于这两个研究的调查对象都是个人，因此本书在上述研究的基础上借鉴了 John（1984）和 Bill（1994）设计的有关渠道系统中的层级压迫和关系紧张的量表，形成了本书的道德合法性量表，共计六个项目，均为反向测量（见表4-1）。

二、服从和机会主义行为的测量

服从指的是"为了维持现有关系，弱势方公开显露地主动遵守强势方所制定的规则、程序、要求及命令等的行为"，其中，"主动"和"行为"是该变量的关键属性。基于这一定义和关键属性，Payan 和 McFarland（2005）利用三个项目来测量服从，分别是"在生意上，只要是该供应商想让我们做的事，我们都非常愿意去配合"、"当该供应商要求我们做出什么改变时，我们都会根据他的要求尽力去改"以及"我们会努力达到该供应商的要求"。另外，Davies 等（2011）设计的服从量表包括两个项目，分别是"我们会努力去达到该供应商的要求"和"该供应商所提出的建议我们都会遵照执行"。本书综合采用上述两个研究设计的量表，形成了包括四个项目的服从量表（见表4-2）。

机会主义行为是指"在背地里用不正当的手段追求自身利益的行为，包括违反正式合同、社会规范以及非正式协议"，这里的不正当手段包括偷窃、欺骗、故意提供不完整或有误的信息误导、扰乱对方以及其他迷惑对方的隐蔽手段。其定义的关键属性是"背地"、"不正当手段"以及"追求自身利益"。本书综合采纳了 John（1984）、Joshi 和 Arnold（1998）以及 Rokkan 等（2003）设计的测量机会主义行为的项目，形成了包含四个项目的机会主义行为量表（见表4-2）。

表4-2 服从和机会主义行为的量表设计

变量	定义	关键属性	量表项目	参考依据
服从	为了维持现有关系，弱势方公开显露地主动遵守强势方所制定的规则、程序、要求及命令等的行为	"主动""行为"	（1）在生意上，只要是该厂商想让我们做的事，我们都非常愿意去配合 （2）当该厂商要求我们做出什么改变时，我们都会根据他的要求尽力去改 （3）该厂商所提出的建议我们都会遵照执行 （4）我们会努力达到该厂商的要求	Payan 和 McFarland（2005）、Davies 等（2011）
机会主义行为	在背地里用不正当的手段追求自身利益的行为，包括违反正式合同、社会规范以及非正式协议	"背地"、"不正当手段"以及"追求自身利益"	（1）当然，为了自己的利益，我们有时也会欺骗该厂商 （2）我们不会把自己的行为都如实地告诉该厂商 （3）实际上，我们在背地里不会完全按照合同行事 （4）我们有时会夸张或隐瞒部分事实，以便从该厂商那里得到我们想要的	John（1984）、Joshi 和 Arnold（1998）、Rokkan 等（2003）

三、信任和不信任的测量

信任是指由于对被信任方意向或行为抱有正面的期望因此可以放心地将自己的脆弱地带暴露人前的心理状态。而不信任是指信任方对被信任方的意向或行为抱有负面的期望因此对被信任方怀疑和戒备的心理状态。在上述定义中，"正面期望"、"信心"以及"有保证"是信任的关键属性；而"负面期望"、"怀疑"以及"警惕"是不信任的关键属性（Lewicki et al.，1998；Kramer，1999；Cho，2006；Saunders et al.，2014）。由于这些属性并非是同一个概念的正负两极（Wrightsman，1991），因此信任和不信任是两个相独立的变量。

基于上述定义和关键属性，笔者综合采纳了 Cho（2006）和 Lee 等（2015）所设计的测量项目，并根据研究情境进行修改，最终形成了本书的信任和不信任量表（见表4-3）。

表 4-3　信任和不信任的量表设计

变量	定义	关键属性	量表项目	参考依据
信任	由于对被信任方意向或行为抱有正面的期望因此可以放心地将自己的脆弱地带暴露人前的心理状态	"正面期望"、"信心"以及"有保证"	（1）我认为该厂商会带着我们走向更美好的合作未来 （2）我们对该厂商的行为有极高的正面期待 （3）我们愿意相信该厂商的承诺，即使这是有风险的 （4）我们可以很放心地和这个厂商做生意 （5）这个厂商是诚实可靠的	Cho（2006）及 Lee 等（2015）
不信任	信任方对被信任方的意向或行为抱有负面的期望因此对被信任方怀疑和戒备的心理状态	"负面期望"、"怀疑"以及"警惕"	（1）我认为该厂商做决定时不会考虑到我们的得失 （2）我认为该厂商只考虑他自己利益的最大化 （3）我认为会有那么一天，为了他自己的利益，该厂商可能会做一些损害我们利益的事情 （4）和该厂商做生意需要时刻保持警惕 （5）我认为该厂商是自私霸道的	Cho（2006）及 Lee 等（2015）

四、渠道绩效的测量

渠道绩效是描述渠道系统整体效能和效率的变量，它的得分高低反映了渠道系统功能的执行情况、渠道治理的水平以及渠道的健康状态。本书结合 Webb 和 Hogan（2002）以及 Palmatier 等（2007）的观点，同时使用结果评估和整体财务绩效来测量渠道绩效，形成了包括五个项目的渠道绩效量表（见表 4-4）。

表 4-4　渠道绩效的量表设计

变量	名义定义	关键属性	量表项目	参考依据
渠道绩效	渠道系统整体的效能和效率	结果与绩效	（1）在销售该厂商的商品时，贵公司销售额的情况是？ （2）在销售该厂商的商品时，贵公司利润增长的情况是？ （3）在销售该厂商的商品时，贵公司整体的盈利情况是？ （4）如果让您给贵公司和该厂商过去一年的合作结果评分，您觉得应该是？ （5）总的来说，您认为贵公司和该厂商的整体合作结果怎样？	Webb 和 Hogan（2002）、Palmatier 等（2007）

五、控制变量的测量

研究表明，渠道绩效会受到依赖程度（Palmatier et al.，2007）以及环境不确定性的影响（Claro et al.，2003；Yang et al.，2012）。因此，笔者选取上述变量作为研究的控制变量。

在测量时，本书使用的依赖程度量表根据 Joshi 和 Stump（1999）以及 Palmatier 等（2007）所设计的量表翻译而成，包括经销商对供应商（D_B）的依赖以及供应商对经销商的依赖（D_S）两部分（见表 4-5）。同时，借鉴 Emerson（1962）、Kuma 等（1995b）、Casciaro 和 Piskorski（2005）、Gulati 和 Sytch（2007）等的做法，对总依赖程度取两者之和（D_B+D_S），而依赖不对称程度取两者之差（D_B-D_S）。本书对环境不确定性的测量则使用杨卓尔等（2016）设计的量表，共计五个项目（见表 4-5）。

表 4-5　依赖与环境不确定性的量表设计

变量	操作性定义	量表项目	参考依据
依赖	替换现有合作伙伴所需付出的代价	经销商对供应商的依赖（D_B）： （1）我们很依赖该厂商 （2）我们很难找到一个新的厂商来取代他们 （3）假如哪天该厂商终止了与我们的合作，我们会遭受非常严重的损失 （4）假如哪天该厂商终止了与我们的合作，我们需要花很多成本才能找到一个新的厂商	Joshi 和 Stump（1999）、Palmatier 等（2007）
		供应商对经销商的依赖（D_S）： （1）该厂商很依赖我们 （2）该厂商很难找到一个新的经销商来取代我们 （3）假如哪天我们终止了与该厂商的合作，那么该厂商在本地的销售就会受到很大影响 （4）假如哪天我们终止了与该厂商的合作，那么该厂商在本地的声誉就会受到很大影响	
环境不确定性	顾客、产品、技术与竞争者等方面的不可预知性和变动幅度	（1）该行业中顾客需求变化很快 （2）市场上现有产品的过时速度越来越快 （3）行业内技术变革的速度非常快 （4）市场竞争状况难以预测 （5）同行业内的竞争越来越激烈	杨卓尔等（2016）

第二节 问卷设计

本书主要采用问卷调查法（Survey）收集数据，上一节所述的 10 个变量的测量量表构成了本书所用问卷之主体，问卷共计 53 道题目（见附录一）。

在封面信中，笔者首先表明身份以及调查目的，以期能获取问卷填写者的理解与配合。进一步地，为打消问卷填写者的顾虑，笔者着重指出"此份问卷仅供学术研究之用，我们承诺将对您所填答的所有内容严格保密，且不作于任何商业用途，敬请安心作答"。

指导语被放置于问卷开始之前，其作用是对问卷中某些关键词语进行解释或填写方式进行指导，以确保问卷填写者能准确理解问卷中的项目含义，并按笔者所期望的方式完成填写。在本问卷中，笔者首先明确"以下所有问题中的'该厂商'都指的是贵公司的主要供应商，即贵公司产品的唯一供应商或者大多数产品的供应商"，并提醒问卷填写者"请您先回忆并确认'该厂商'的身份（但不必告诉我们），再回答以下题目"。其中，关键字眼（如"该厂商""回忆并确认""不必告诉我们"等）全部加粗显示。通过这样的设计，笔者希望达到的目的有：①在问卷填写开始之前让问卷填写者对自身所在渠道进行回忆的供应关系；②确保问卷填写可以有的放矢；③通过强调"不必告诉我们"再次降低问卷填写者对于信息披露的顾虑。

在"被调查企业的基本信息"这部分，笔者谨慎地安排了每道问题的问项、选项和顺序，以确保：①问项不会有不同的理解方式；②选项尽可能使用等距尺度，但不能因此给问卷填写者带来困扰；③选项可以涵盖所有可能（完备性），但又不能有交叉（互斥性）；④问项以从易到难的顺序编排。

研究变量和控制变量的相关项目均采用 Likert 五点量表形式（渠道绩效除外），其中，1 代表"完全不同意"，5 代表"完全同意"。在测量渠道绩效时，为与其他变量一致笔者根据问项设计了"非常差"、"差"、"一般"、"好"和"非常好"五个选项，有中立选项"一般"且对称。

在问卷的最后一部分，笔者用一道题目来询问问卷填写者的职位信息，选项包括"总经理"、"部门负责人"、"业务员"以及"其他，请说明"四个。此题的存在是为了确保问卷是由合适的对象填写完成，以提升问卷结果的可信度。

<h1 style="text-align:center">第三节　抽样设计</h1>

一、总体界定

本书的研究对象是营销渠道企业，更准确地说，是在非对称权力结构渠道关系中处于权力弱势地位的渠道企业，它可能是供应商，也可能是经销商（见图4-1），这即构成了本书的研究总体。其中，弱势方身份的认定是依据 Emerson（1962）、Kumar 等（1995b）、Casciaro 和 Piskorski（2005）以及 Gulati 和 Sytch（2007）等学者的做法，将 A 对 B 的依赖水平（D_A）减去 B 对 A 的依赖水平（D_B），当值为正时，就认为 A 与 B 之间的权力结构属于非对称权力结构，而 A 即是其中的弱势方。

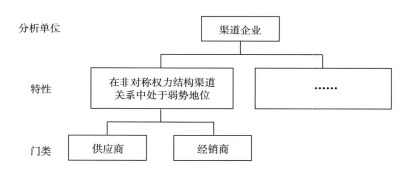

图4-1　本书的研究总体

李怀祖（2004）认为，一般情况下，研究总体就是实施调查的总体，但在某些情况下，两者可能不一致，调查总体只是研究总体的一部分。本书正是后一种情况——调查总体仅限于在非对称权力结构渠道关系中处于弱势地位的经销商。笔者之所以这样设定主要是基于以下考虑：本书的研究主题与研究对象的门类无关——调查对象无论是经销商还是供应商，只要它在非对称权力结构渠道关系中处于弱势地位，都可以是本书的研究对象，不影响本书的结论，但如果本次调查同时面向经销商和供应商，可能会给抽样和统计带来不便。因为面向经销商和供应商的调查问卷在项目设计上应有所差别，在抽样中同时使用两套问卷（非配对）可能会增加非抽样误差出现的概率。另外，如果将利用不同的问卷（非配对）收集来的数据放在一起做统计检验，其有效性值得商榷。鉴于此，笔者选择经销商作为研究的调查对象，之所以选择经销商而非供应商，主要是因为前者在地理上更为集中，更易于开展问卷调查。未来，笔者希望有研究者能就这个问题补充针对供应商的调查结果。

二、抽样方法

如前文所述，本书的调查总体是在非对称权力结构渠道关系中处于权力弱势地位的经销商。受限于调研经费、时间与人力等要素，在正式调研中，笔者采用推荐抽样（Referral Sampling）方式收集数据。推荐抽样又称滚雪球抽样，是工业营销调研中常用的一种抽样方法（伯恩斯、布什，2007）。米子川（2015）使用捕获再捕获抽样估计方法对推荐抽样所形成的样本的总体规模进行估计，认为推荐抽样本质上是一种特征比较明显的分层抽样，具有精度高和方差小的优势。在具体操作中，笔者通过社会关系网络联系到若干位经销商，委托他们在填写完问卷之后将问卷转发给他们的经销商朋友，通过这样重复的同伴推荐和再推荐，逐次抽取并形成最终的调研样本。

第四节　数据收集过程

一、预测试

本书的预测试采用办公室访谈方式进行，其过程如下：笔者先当面向被调查者解释调查目的并进行必要的填写指导，之后由被调查者独立完成问卷，笔者负责在一旁记下被调查者填写问卷所用的时间；在问卷填写完成之后，笔者会询问被调查者问卷中是否存在理解歧义或错误的内容。预测试共收回问卷 30 份，被调查者为笔者提供了数十条问卷修改建议。

接下来，笔者使用 SPSS 20.0 统计工具测量了预测验结果中各个变量的 Cronbach's α 系数和因子载荷，并根据后者计算出各个变量测量工具的组合信度（Composite ReLability，CR）和平均方差抽取量（Average Variance Extracted，AVE）（具体公式见附录二）。这几个指标可大致反映初始量表的信度和效度水平，笔者将基于指标值与经验阈值之间的大小比较，来决定该初始量表是否可以被广泛应用于正式调研中。

Cronbach's α 系数是量表重要的信度指标，反映了多维度量表内部的一致性。根据 Hair 等（1998）的观点，当 Cronbach's α 系数值大于 0.70 时，可以认为量表的信度较高。本书预测试阶段各变量的 Cronbach's α 系数值已列于表 4-6 中，结果显示，本书所使用的量表的 Cronbach's α 系数均高于 0.70 这一阈值，说明量表有着很好的信度。

表 4-5　初始量表的信度（Cronbach's α 系数值）检验结果（N=30）

变量	项目数	Cronbach's α 系数值	删去（某项）测量项目后的 Cronbach's α 系数值
实效合法性	6	0.889	0.904（PL1）
道德合法性	6	0.876	0.877（ML4）；0.884（ML6）
服从	4	0.811	—
机会主义行为	4	0.924	0.940（OPPO4）
信任	5	0.799	—
不信任	5	0.911	—
渠道绩效	5	0.875	—
依赖（D_B）	4	0.890	0.920（D_B1）
依赖（D_S）	4	0.833	0.857（D_S4）
环境不确定性	5	0.917	—

注：PL=实效合法性；ML=道德合法性；OPPO=机会主义行为；TRUST=信任；D_B=经销商对供应商的依赖；D_S=供应商对经销商的依赖。括号中为删去的测量项目。

另外，表 4-6 还给出了删去量表某项测量项目之后的 Cronbach's α 系数值。虽然删去部分测量项目，一些量表的信度可有不同程度的提高，但由于初始量表的信度已然符合要求，且删去这些项目后量表信度的提高有限，故笔者决定保留这些项目，在正式调研后视大样本情况而定。

除 Cronbach's α 系数外，组合信度（CR）亦是评价测量项目一致性程度的重要指标。组合信度高，表示测量项目之间有高度的内部关联；相反，组合信度低，说明测量项目之间的一致性程度不高，测得的因素间的特质差异较大。另外，平均方差抽取量（AVE）是聚合效度的反映指标，它描述了相对于测量误差变异量的大小，潜在变量所能解释的测量项目变异量的程度。

为计算组合信度（CR）和平均方差抽取量（AVE），笔者先使用因子分析求得每一变量下各个测量项目的因素负荷量，进而根据公式（见附录二）得出 CR 和 AVE 的值。吴明隆（2010）认为，变量和其测量项目之间的因素负荷量最好介于 0.50 和 0.95 之间，而 CR 要大于 0.60，AVE 值要大于 0.50，此时可推断量表具有较好的组合信度与聚合效度。表 4-7 列出了本书每一变量的因素负荷量、组合信度（CR）值、平均方差抽取量（AVE）值以及共同因子可以解释的方差百分比，从中可以看出，本书所使用的变量量表的组合信度（CR）和平均方差抽取量（AVE）均满足上述信度与效度要求，说明各个变量的初始量表有较好的组合信度和聚合效度。

表 4-7　各变量的组合信度与平均方差抽取量（N=30）

变量	测量项目	因素负荷量	CR 值	AVE 值	可解释的方差（%）
实效合法性 KMO=0.801 Bartlett 球形检验 p<0.05	PL1	0.596	0.918	0.654	65.368
	PL2	0.839			
	PL3	0.900			
	PL4	0.762			
	PL5	0.899			
	PL6	0.815			
道德合法性 KMO=0.765 Bartlett 球形检验 p<0.05	ML1	0.756	0.916	0.650	64.694
	ML2	0.889			
	ML3	0.888			
	ML4	0.698			
	ML5	0.936			
	ML6	0.619			

续表

变量	测量项目	因素负荷量	CR 值	AVE 值	可解释的方差（%）
服从 KMO = 0.766 Bartlett 球形检验 p<0.05	COMP1	0.800	0.878	0.644	64.391
	COMP2	0.749			
	COMP3	0.795			
	COMP4	0.862			
机会主义行为 KMO = 0.813 Bartlett 球形检验 p<0.05	OFPO1	0.954	0.948	0.821	82.125
	OFPO2	0.879			
	OFPO3	0.954			
	OFPO4	0.831			
信任 KMO = 0.705 Bartlett 球形检验 p<0.05	TRUST1	0.731	0.871	0.576	57.546
	TRUST2	0.772			
	TRUST3	0.786			
	TRUST4	0.783			
	TRUST5	0.719			
不信任 KMO = 0.822 Bartlett 球形检验 p<0.05	DISTR1	0.804	0.934	0.741	74.042
	DISTR2	0.876			
	DISTR3	0.853			
	DISTR4	0.853			
	DISTR5	0.913			
渠道绩效 KMO = 0.764 Bartlett 球形检验 p<0.05	PER1	0.784	0.913	0.677	67.730
	PER2	0.756			
	PER3	0.914			
	PER4	0.765			
	PER5	0.883			
依赖（D_B） KMO = 0.766 Bartlett 球形检验 p<0.05	D_B 1	0.733	0.926	0.759	75.926
	D_B 2	0.929			
	D_B 3	0.888			
	D_B 4	0.921			
依赖（D_S） KMO = 0.752 Sartlett 球形检验 p<0.05	D_S 1	0.916	0.892	0.675	67.496
	D_S 2	0.784			
	D_S 3	0.878			
	D_S 4	0.690			

续表

变量	测量项目	因素负荷量	CR 值	AVE 值	可解释的方差（%）
环境不确定性 KMO=0.829 Bartlett 球形检验 p<0.05	UNCERT1	0.866	0.943	0.769	76.887
	UNCERT2	0.881			
	UNCERT3	0.887			
	UNCERT4	0.904			
	UNCERT5	0.845			

注：PL=实效合法性；ML=道德合法性；COMP=服从；OPPO=机会主义行为；TRUST=信任；DISTR=不信任；PER=渠道绩效；D_B=经销商对供应商的依赖；D_S=供应商对经销商的依赖；UNCERT=环境不确定性。

进一步地，笔者根据预测试结果检验了各个变量间的区分效度。具体做法是：对各变量的平均方差抽取量（AVE）求平方根，将其与各变量间的相关系数进行比较，如果某变量 AVE 的平方根大于其与其他变量的相关系数，则可以推定该变量所抽取的变异量大于它们所共同分享的变异量，即变量之间具有区分性（Fornell and Larcker，1981）。表4-8 给出了本书中各个变量 AVE 值的平方根与 Pearson 相关系数矩阵。如表4-8 所示，本书 10 个变量的 AVE 与相关系数之间的关系均符合上述对区分效度的要求，这说明初始量表通过了区分效度检验。

表4-8　各变量内部相关及变量间相关矩阵（N=30）

变量	PL	ML	COMP	OPPO	TRUST	DISTR	PER	D_B	D_S	UNCERT
PL	**0.809**									
ML	0.308	**0.806**								
COMP	0.529	0.526	**0.802**							
OPPO	−0.465	−0.415	−0.372	**0.906**						
TRUST	0.518	0.493	0.649	−0.526	**0.759**					
DISTR	−0.325	−0.692	−0.371	0.620	−0.579	**0.861**				
PER	0.262	0.465	0.119	0.072	0.399	−0.362	**0.823**			

续表

变量	PL	ML	COMP	OPPO	TRUST	DISTR	PER	D_B	D_S	UNCERT
D_B	0.098	-0.238	-0.075	0.150	0.054	0.217	0.298	**0.871**		
D_S	-0.449	-0.601	-0.417	0.577	-0.544	0.805	-0.188	0.219	**0.821**	
UNCERT	0.589	0.084	0.018	-0.184	-0.041	-0.233	0.239	0.060	-0.187	**0.877**

注：①加粗的数据是 AVE 值的平方根，对角线之外的数据是各个变量的相关系数，加下划线的数据表明该相关系数在 5% 的置信水平上不显著。②PL＝实效合法性；ML＝道德合法性；COMP＝服从；OPPO＝机会主义行为；TRUST＝信任；DISTR＝不信任；PER＝渠道绩效；D_B＝经销商对供应商的依赖；D_S＝供应商对经销商的依赖；UNCERT＝环境不确定性。

综上所述，笔者使用预测试收集的 30 份数据检验了各个研究变量测量工具的信度、聚合效度及区分效度，其结果均符合研究要求的信效度标准。故此，笔者将使用前文所述的量表进行正式调研所用数据的收集工作。

二、正式调研

正式调研主要通过纸质问卷留填和网上发送问卷链接两种方式发放问卷。纸质问卷共发出 400 份，回收 279 份，其中有 83 份因依赖不对称程度不符合研究要求或题项漏填等原因作无效问卷处理，最后保留有效问卷 196 份，有效问卷回收率为 49%。另外，因纸质问卷寄送不便，应部分被调查者所请，笔者选择发送问卷链接的方式收集数据，被调查者可以通过电脑或便携式移动设备填写问卷。为确保问卷填写质量，笔者设置了同一设备和同一 IP 只能填写一份问卷的限定，并最终通过网络获取问卷 122 份。之后，笔者仔细检查了每份问卷的填写质量，删去依赖不对称程度不符合研究要求及填写不认真的问卷（填写时间少于 180 秒）共计 35 份，最终获得线上有效问卷 87 份，问卷平均填写时间为 552 秒。至此，本书获取的问卷总数为 283 份，线上线下比例为 0.44 : 1。进一步地，笔者对线上和线下数据进行单因素方差分析（F 检验），结果显示，线上和线下两个分组样本在本书七个研究变量上的得分均无显著差异（p>0.05）（见表 4-9），这表明本书通过不同方式取得的数据并无统计上的显著差异，可以合并在一起进行后续的统计分析。

表 4-9 不同渠道样本数据（线上—线下）间的均值比较结果

变量	分组样本统计量	F 值	p 值
实效合法性	线上（M=3.66；SD=0.726） 线下（M=3.77；SD=0.612）	1.711	0.192
道德合法性	线上（M=3.50；SD=0.852） 线下（M=3.48；SD=0.667）	0.057	0.812
服从	线上（M=3.57；SD=0.616） 线下（M=3.68；SD=0.487）	2.205	0.139
机会主义行为	线上（M=2.65；SD=0.855） 线下（M=2.64；SD=0.729）	0.013	0.909
信任	线上（M=3.75；SD=0.817） 线下（M=3.80；SD=0.508）	0.307	0.580
不信任	线上（M=2.61；SD=0.806） 线下（M=2.68；SD=0.712）	0.459	0.499
渠道绩效	线上（M=3.48；SD=0.688） 线下（M=3.42；SD=0.520）	0.589	0.444

注：$N_{线上}=87$，$N_{线下}=196$，F 统计量服从自由度为（1，282）的 F 分布。

第五节 样本分布特征

由于研究设计的需要，本次调研主要针对非对称权力结构渠道关系中的弱势方展开，因此样本企业以小型企业居多，拥有 50 人及以下员工的企业数量占到总样本的 73.5%，主要从事食品/饮料/酒、药品/医疗设备/器械以及日用百货的销售。样本企业的平均年龄[①]为 12.83 年（标准差为 7.547）。与其供应商合作 10 年及以下的样本企业占总样本数的 61.8%，平均合作年限为 9.2 年（标准差为 5.775）。样本企业分布的具体特征如表 4-10、表 4-11 所示。

---

① 按 2017 减去成立年份计算，下文的合作年限也是用此方法计算得出。

表 4-10 样本分布特征（N=283）

类别	属性	频次	百分比（%）	累计百分比（%）
企业规模	50 人及以下	208	73.5	73.5
	51~100 人	18	6.4	79.9
	101~150 人	12	4.2	84.1
	151~200 人	13	4.6	88.7
	201 人以上	32	11.3	100.0
销售商品类别	食品/饮料/酒	173	61.1	61.1
	药品/医疗设备/器械	29	10.3	71.4
	日用百货	25	8.8	80.2
	其他	56	19.8	100.0
成立年份	1999 年之前	64	22.6	22.6
	2000~2009 年	141	49.8	72.4
	2010 年至今	78	27.6	100.0
问卷填写者职位	总经理	95	33.6	33.6
	部门负责人	136	48.1	81.7
	业务员	43	15.2	96.9
	其他	9	3.2	100.1

表 4-11 样本企业情况

类别	均值（M）	标准差（SD）	极小值	极大值
企业年龄（年）	12.83	7.547	1	48
合作年限（年）	9.20	5.775	1	31
总依赖程度	5.64	1.122	3.00	9.75
依赖不对称程度	0.76	0.598	0.25	3.25

由于样本企业的行业分布存在一定程度的偏斜（这主要是由于推荐抽样方法无法控制样本来源）。为确保研究的严谨性，本书将行业分布作为分组变量，用单因素方差分析（F 检验）分别检验本书七个研究变量在不同行业分布上的组间差异。结果如表 4-12 所示，除服从在不同行业中显示出差异（p=0.031）外，其他变量在 95% 的置信水平下均无显著差异，这说明样本企业的行业分布并没有对研究结果造成显著性的影响，因此本次调研的样本

可以被用于后续研究。

表4-12 不同行业之间的均值比较结果

变量	差异来源	F 值	p 值
实效合法性	组间（k=12）	1.334	0.205
道德合法性	组间（k=12）	1.066	0.389
服从	组间（k=12）	1.979	0.031
机会主义行为	组间（k=12）	1.219	0.274
信任	组间（k=12）	0.978	0.466
不信任	组间（k=12）	1.747	0.063
渠道绩效	组间（k=12）	1.538	0.118

注：N=283；F 统计量服从自由度为（11，271）的 F 分布。

根据样本企业汇报的相互依赖程度，笔者计算了样本企业与其供应商之间的总依赖程度（两者之和，即 $D_B + D_S$）和依赖不对称程度（两者之差，即 $D_B - D_S$）。描述性统计结果表明，总依赖程度均值为5.64，标准差为1.122，依赖不对称程度全部为正值，均值为0.76，标准差为0.598。考虑到权力与依赖之间的对应关系，上述数据反映了样本企业与其供应商之间属于高度相互依赖的非对称性权力结构关系（Kumar et al.，1995b；Gulati and Sytch，2007），并且样本企业在其中处于权力的弱势地位，即本书所界定的弱势方。

另外，对问卷填写者职位的调查结果显示，在283份问卷中，有81.6%的问卷是由总经理或部门负责人填写，这一结果在一定程度上保证了调研所得信息可以真实地反映样本企业的现实情况。

第六节 本章小结

本书自此章之后进入了操作化过程阶段。其中，本章主要负责对实证研究设计的过程进行介绍，包括量表设计、问卷设计和抽样设计等内容。科学的研究设计为后续数据分析和假设检验提供了信度和效度上的保证。另外，本章还对预测试和正式调研中的数据搜集过程进行了详细的描述，旨在尽可能地还原实地调查过程。最后，就正式调研中样本分布特征等进行描述性统计分析，主要的汇报内容包括被调查企业的规模、成立年限、合作年限、行业类别、依赖程度以及问卷填写者的职位信息等。

第五章　数据分析与假设检验

　　本书的数据收集工作依照上一章所述的实证研究设计方案展开。在本章，笔者将使用 SPSS 20.0 和 AMOS 19.0 等数据分析工具对 283 份调研数据进行统计分析，目的是验证第三章所提出的假设是否可以获取统计上的支持，以得出本书的研究结果。为确保结果的可靠性和有效性，在假设检验之前，笔者对测量工具的信度与效度进行了检验。

第一节　信度与效度检验

一、信度检验

　　信度又称精确度（Reliability），是对同一对象，运用同一种观测方法得出同样观测数据（结果）的可能性。本书主要使用 Cronbach's α 系数以及组合信度两个指标进行信度分析，它们均反映测量工具的内部一致性程度。

　　首先，笔者用 SPSS 20.0 数据分析工具得出了本书各变量量表的 Cronbach's α 系数，结果如表 5-1 所示。根据 Hair 等（1998）的观点，Cronbach's α 系数值最好在 0.70 以上，而本书 10 个变量量表的 Cronbach's α 系数值均满足这一标准，说明本书所使用的量表具有良好的内部一致性。

　　其次，笔者使用 AMOS 19.0 对 10 个变量进行验证性因子分析（见下文），基于各变量的因素负荷量计算出对应的组合信度值，结果发现，10 个变量的组合信度值均在 0.8 以上（见表 5-1），符合吴明隆（2010）所提出的要高于 0.60 的标准，因此可认为本书所使用的量表具有良好的组合信度。

表 5-1　各变量的 Cronbach's α 系数和 CR 值

	PL	ML	COMP	OPPO	TRUST	DISTR	PER	D_B	D_S	UNCERT
k	5[#]	5[#]	4	4	5	5	5	4	4	4[#]
α	0.845	0.833	0.801	0.828	0.871	0.872	0.875	0.817	0.808	0.835
CR	0.835	0.829	0.802	0.829	0.864	0.864	0.862	0.801	0.810	0.824

注：①N=283；k 为量表的项目数；α 为量表的 Cronbach's α 系数值；CR 为组合信度。②PL=实效合法性；ML=道德合法性；COMP=服从；OPPO=机会主义行为；TRUST=信任；DISTR=不信任；PER=渠道绩效；D_B=经销商对供应商的依赖；D_S=供应商对经销商的依赖；UNCERT=环境不确定性。③实效合法性（PL）和道德合法性（ML）量表原本都为 6 个项目，环境不确定性（UNCERT）量表原本为 5 个项目。在后续的验证性因子分析中上述三个量表均因因素负荷量不足 0.5 而分别删去了一个项目，即 PL4、ML1 和 UNCERT5，本表中用现存项目数加上标#表示量表的项目处理情况，如 PL 的项目数为 5[#]。项目删选的具体过程请见下文。

二、效度检验

本书使用验证性因子分析（Confirmatory Factor Analysis，CFA）方法来检验观察变量（项目）与潜变量之间的假定关系，评估变量的聚合效度与区分效度。在具体操作中，笔者首先使用预先设计的各变量的测量模型对样本数据进行拟合，观察各观察变量（项目）的因素载荷值、组合信度和平均方差抽取量是否符合研究要求，以此判断各变量的组合信度和聚合效度，决定某观察变量（项目）的去留，并汇报该测量模型的适配度评价指标；其次，将各变量的平均方差抽取量的平方根与其变量间相关系数进行比较，以验证变量之间的区分效度（Fornell and Larcker，1981）；最后，根据侯杰泰等（2004）的观点，在基准模型之外，考虑其他的备选模型并进行比较。上述过程均在 AMOS 19.0 软件中完成。

关于模型适配度评价指标，学者们多有不同主张。学术报告中常用的拟合指

数有 x^2、x^2/df、RMSEA、RMR、GFI、NNFI、CFI 和 AIC 等[①]，其中 x^2、RM-SEA、RMR、GFI 属于绝对适配指数，NNFI 和 CFI 属于相对适配指数，x^2/df 和 AIC 属于简约适配指数[②]。侯杰泰等（2004）及吴明隆（2010）都提到，由于 x^2 值和 x^2/df 值都易受样本数目的干扰（样本数目越大，值越大），因此对评价单个模型的意义不大，但在多个模型比较时具有参考价值。由于 RMSEA 受样本量的影响较少，所以其在众多绝对拟合指数中被视为较优的评价指标。而 GFI 虽是在早期常用，但常被批评会受到样本量大小的干扰，且在不同情况下会有各种程度的误差，因此其作为评价指标不如 RMSEA 理想，本书将其作为参考指标使用。综合考虑上述观点，笔者选择 x^2、x^2/df、RMSEA、RMR、GFI、NNFI、CFI 和 AIC 为本书的模型适配度评价指标。

在上述指标中，RMSEA 低于 0.1 时表示模型拟合较好，低于 0.05 时表示模型拟合非常好（侯杰泰等，2004）；RMR 要小于 0.05（吴明隆，2010）；GFI、NNFI 和 CFI 大于 0.90 表示模拟拟合很好，其值在 0.80~0.90 则认为模拟拟合可以接受（吴明隆，2010；李保东，2014）；x^2/df 值低于 5 即表示模型可以接受，如果低于 3 则表示该模型有较好的简约适配程度；x^2 和 AIC 更多地被用于模型比较，其数值越小表示模型越精简（侯杰泰等，2004；吴明隆，2010）。为方便阅读，本书将上述模型适配度评价指标及标准总结如表 5-2 所示。

表 5-2　本书使用的模型适配度评价指标及标准

指标类型	指标	理想值	可接受值	参考文献
绝对适配指数	x^2	比较时越小越好		吴明隆（2010）
	RMSEA	<0.05	<0.1	侯杰泰等（2004）
	RMR	<0.05		吴明隆（2010）
	GFI	>0.9	>0.8	吴明隆（2010）；李保东（2014）
相对适配指数	NNFI（TLI）	>0.9	>0.8	吴明隆（2010）；李保东（2014）
	CFI	>0.9	>0.8	

① 它们的全称分别是：近似误差均方根（root mean square error of approximation，RMSEA）、残差均方根（root mean square residual，RMR）、拟合优度指数（goodness-of-fit index，GFI）、非范拟合指数（non-normed fit index，NNFI）、比较适配指数（comparative fit index，CFI）和 Akaike 讯息指标（Akaike information criteria，AIC）。

② 吴明隆（2010）的指标分类方法。

续表

指标类型	指标	理想值	可接受值	参考文献
简约适配指数	χ^2/df	<3	<5	吴明隆（2010）
	AIC	比较时越小越好		

（一）聚合效度检验

聚合效度（Convergent Validity）反映了用不同方法测量同一构念的指标有多大可能会落在同一个构念上，对聚合效度的评估可以同时结合组合信度、平均方差抽取量、各项目的因素负荷量来进行（李茂能，2011）。

实效合法性量表原本有六个项目，在第一次验证性因子分析之后，发现其中PL4的因素负荷量为0.415，而根据吴明隆（2010）所提出的标准，变量和其测量项目之间的因素负荷量最好介于0.50和0.95之间，故删去该项目。删去PL4后，其他五个项目的因素负荷量分别为0.629、0.777、0.830、0.678和0.619（见图5-1），根据组合信度和平均方差抽取量公式计算出CR为0.835，AVE为0.507。由于AVE高于0.5，可以认定实效合法性量表具有较好的聚合效度。另外，测量模型的拟合程度也比较理想（$\chi^2/\mathrm{df}=1.235$；RMSEA=0.029；RMR=0.011；GFI=0.995；NNFI=0.996；CFI=0.999）。

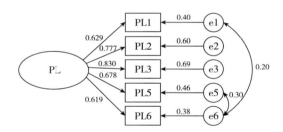

CMIN=3.706　DF=3　χ^2/df=1.235
RMSEA=0.029　RMR=0.011
GFI=0.995　NNFI=0.996　CFI=0.999

图5-1　实效合法性测量模型的聚合效度检验

同样地，道德合法性量表原本也有六个项目，在第一次验证性因子分析之后，发现其中ML1的因素负荷量为0.412，故删去该项目。删去ML1后，其他五个项目的因素负荷量分别为0.542、0.890、0.804、0.679和0.562（见图5-

2），根据组合信度和平均方差抽取量公式计算出 CR 为 0.829，AVE 为 0.502。由于 AVE 高于 0.5，可以认定道德合法性量表具有较好的聚合效度。另外，测量模型的拟合程度也比较理想（$\chi^2/df = 2.959$；RMSEA = 0.083；RMR = 0.019；GFI = 0.987；NNFI = 0.965；CFI = 0.989）。

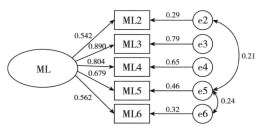

CMIN=8.877　　DF=3　　χ^2/df=2.959
RMSEA=0.083　　RMR=0.019
GFI=0.987　　NNFI=0.965　　CFI=0.989

图 5-2　道德合法性测量模型的聚合效度检验

服从量表有四个项目，其因素负荷量分别为 0.692、0.734、0.674 和 0.739（见图 5-3），根据组合信度和平均方差抽取量公式计算出 CR 为 0.802，AVE 为 0.505。由于 AVE 高于 0.5，可以认定服从量表具有较好的聚合效度。另外，测量模型的拟合程度也非常理想（$\chi^2/df = 0.731$；RMSEA < 0.001；RMR = 0.005；GFI = 0.997；NNFI = 1.005；CFI = 1.000）。

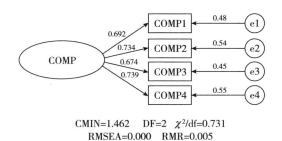

CMIN=1.462　　DF=2　　χ^2/df=0.731
RMSEA=0.000　　RMR=0.005
GFI=0.997　　NNFI=1.005　　CFI=1.000

图 5-3　服从测量模型的聚合效度检验

机会主义行为量表有四个项目，其因素负荷量分别为 0.725、0.646、0.780 和 0.805（见图 5-4），根据组合信度和平均方差抽取量公式计算出 CR 为 0.829，AVE 为 0.550。由于 AVE 高于 0.5，可以认定机会主义行为量表具有好的聚合效度。另外，测量模型的拟合程度也比较理想（$\chi^2/df = 3.258$；RMSEA = 0.089；RMR = 0.020；GFI = 0.989；NNFI = 0.967；CFI = 0.989）。

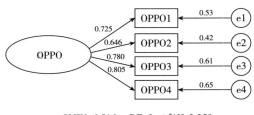

CMIN=6.516　DF=2　χ^2/df=3.258
RMSEA=0.089　RMR=0.020
GFI=0.989　NNFI=0.967　CFI=0.989

图 5-4　机会主义行为测量模型的聚合效度检验

信任量表有五个项目，其因素负荷量分别为 0.739、0.828、0.745、0.779 和 0.644（见图 5-5），根据组合信度和平均方差抽取量公式计算出 CR 为 0.864，AVE 为 0.562。由于 AVE 高于 0.5，可以认定信任量表具有较好的聚合效度。另外，测量模型的拟合程度也非常理想（$\chi^2/df = 0.823$；RMSEA < 0.001；RMR = 0.008；GFI = 0.995；NNFI = 1.003；CFI = 1.000）。

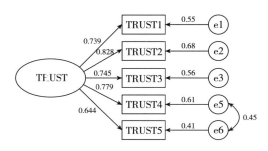

CMIN=3.291　　DF=4　χ^2/df=0.823
RMSEA=0.000　RMR=0.008
GFI=0.995　NNFI=1.003　CFI=1.000

图 5-5　信任测量模型的聚合效度检验

不信任量表有五个项目，其因素负荷量分别为 0.582、0.728、0.753、0.835 和 0.826（见图 5-6），根据组合信度和平均方差抽取量公式计算出 CR 为 0.864，AVE 为 0.563。由于 AVE 高于 0.5，可以认定不信任量表具有较好的聚合效度。另外，测量模型的拟合程度也比较理想（$\chi^2/df = 3.389$；RMSEA = 0.092；RMR = 0.024；GFI = 0.980；NNFI = 0.965；CFI = 0.986）。

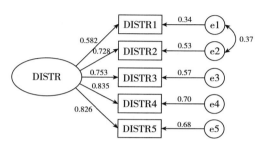

CMIN=13.555　　DF=4　χ^2/df=3.389
RMSEA=0.092　RMR=0.024
GFI=0.980　NNFI=0.965　CFI=0.986

图 5-6　不信任测量模型的聚合效度检验

渠道绩效量表有五个项目，其因素负荷量分别为 0.773、0.828、0.843、0.654 和 0.614（见图 5-7），根据组合信度和平均方差抽取量公式计算出 CR 为 0.862，AVE 为 0.560。由于 AVE 高于 0.5，可以认定渠道绩效量表具有较好的聚合效度。另外，测量模型的拟合程度也非常理想（$\chi^2/df = 0.916$；RMSEA < 0.001；RMR = 0.006；GFI = 0.995；NNFI = 1.001；CFI = 1.000）。

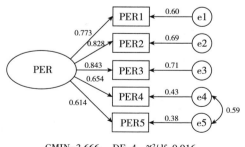

CMIN=3.666　　DF=4　χ^2/df=0.916
RMSEA=0.000　RMR=0.006
GFI=0.995　NNFI=1.001　CFI=1.000

图 5-7　渠道绩效测量模型的聚合效度检验

对控制变量进行验证性因子分析的结果如下：经销商对供应商的依赖量表中四个项目的因素负荷量分别为 0.593、0.671、0.843 和 0.714（见图 5-8），组合信度 CR 为 0.801，平均方差抽取量 AVE 为 0.506。由于 AVE 高于 0.5，可以认定该量表具有较好的聚合效度。另外，测量模型的适配度评价指标中，除 RMSEA 稍稍高于 0.10 之外，其他指标都在阈值之内，说明该测量模型的拟合程度可以接受（$\chi^2/df = 4.198$；RMSEA = 0.106；RMR = 0.010；GFI = 0.993；NNFI = 0.951；CFI = 0.992）。供应商对经销商的依赖量表中四个项目的因素负荷量分别为 0.696、0.752、0.729 和 0.695（见图 5-9），组合信度 CR 为 0.810，平均方差抽取量 AVE 为 0.517。由于 AVE 高于 0.5，可以认定该量表具有较好的聚合效度。另外，测量模型的拟合程度也比较理想（$\chi^2/df = 3.374$；RMSEA = 0.092；RMR = 0.015；GFI = 0.988；NNFI = 0.959；CFI = 0.986）。环境不确定性量表原本共有五个项目，在第一次验证性因子分析之后，发现其中 UNCERT5 的因素负荷量为 0.428，故删去该项目。删去 UNCERT5 后，其他四个项目的因素负荷量分别为 0.806、0.888、0.652 和 0.567（见图 5-10），根据组合信度和平均方差抽取量公式计算出 CR 为 0.824，AVE 为 0.546。由于 AVE 高于 0.5，可以认定该量表具有较好的聚合效度。另外，测量模型的拟合程度也可以接受，除 RMSEA 稍稍大于 0.1 之外，其他指标都符合要求（$\chi^2/df = 4.331$；RMSEA = 0.109；RMR = 0.011；GFI = 0.992；NNFI = 0.956；CFI = 0.993）。

（二）区分效度检验

区分效度（Discriminant Validity）是指研究中某构念与其他构念所代表的潜在特质之间有低度的相关关系或者说存在显著差异。本书拟采用两种方法检验正式量表的区分效度：一是按照 Fornell 和 Larcker（1981）的建议，将各变量的平均方差抽取量（AVE）的平方根与其变量间的相关系数进行比较；二是根据侯杰泰等（2004）的观点，在基准模型之外，考虑其他的备选模型并比较其各适配度指标，以找到一个相对简单又拟合较好的模型。

表 5-3 给出了本书各个变量的均值、标准差、Pearson 相关系数及平均方差抽取量（AVE）的平方根。比较后发现，每一变量的 AVE 平方根均大于该变量与其他变量的相关系数（即对角线上的数据均大于下三角形中与其同列的数据），这说明本书所选用的量表具有较好的区分效度。

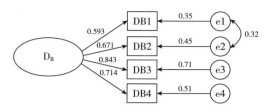

CMIN=4.198　　DF=1　χ^2/df=4.198
RMSEA=0.106　RMR=0.010
GFI=0.993　NNFI=0.951　CFI=0.992

图 5-8　依赖（D_B）测量模型的聚合效度检验

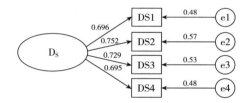

CMIN=6.748　　DF=2　χ^2/df=3.374
RMSEA=0.092　RMR=0.015
GFI=0.988　NNFI=0.959　CFI=0.986

图 5-9　依赖（D_S）测量模型的聚合效度检验

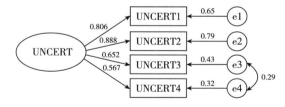

CMIN=4.331　　DF=1　χ^2/df=4.331
RMSEA=0.109　RMR=0.011
GFI=0.992　NNFI=0.956　CFI=0.993

图 5-10　环境不确定性测量模型的聚合效度检验

表 5-3　变量的均值、标准差、Pearson 相关系数及平均方差抽取量平方根

变量	均值(M)	标准差(SD)	1	2	3	4	5	6	7	8	9	10
1 权威合法性	3.74	0.650	**0.712**									
2 道德合法性	3.48	0.727	0.200**	**0.709**								
3 服从	3.65	0.531	0.433**	0.176**	**0.711**							
4 机会主义行为	2.64	0.768	-0.138**	-0.261**	-0.258**	**0.742**						
5 信任	3.78	0.618	0.567**	0.324**	0.595**	-0.301**	**0.750**					
6 不信任	2.66	0.741	-0.249**	-0.386**	-0.166**	0.429**	-0.420**	**0.750**				
7 渠道绩效	3.44	0.576	0.445**	0.237**	0.318**	-0.223**	0.552**	-0.417**	**0.748**			
8 经销商对供应商的依赖	3.20	0.643	0.136*	-0.117	0.119*	0.054	0.242**	-0.050	0.228**	**0.711**		
9 供应商对经销商的依赖	2.44	0.629	0.050	-0.238**	0.029	0.207**	0.088	0.101	0.100	0.558**	**0.719**	
10 环境不确定性	3.80	0.693	0.374**	0.040	0.309**	-0.078	0.280**	-0.151**	0.203**	0.056	0.006	**0.739**

注：①N=283；②加粗的数据是 AVE 值的平方根，对角线之外的数据是各个变量之间的相关系数；③ * 表示 $p<0.05$；* * 表示 $p<0.01$。

另外，根据侯杰泰等（2004）的建议，本书还对七个研究变量不同组合的测量模型进行了比较，包括基准模型（七因子模型，M_0）和其他八个备选模型。由表 5-4 可以看出，基准模型的拟合效果明显优于备选模型；而且通过对 AIC 值的比较得知，基准模型在简约度上亦优于备选模型。另外，基准模型的 χ^2/df 值等于 2.291 小于 3，RMSEA 为 0.068 小于 0.10，RMR 为 0.042 小于 0.05，GFI、NNFI 和 CFI 接近 0.90，各项适配性指标均达到基本评价标准；在释放部分残差之后，基准模型的各项适配性指标更趋于好转（$\chi^2 = 939.790$；$df = 471$；$\chi^2/df = 1.995$；RMSEA = 0.059；RMR = 0.44；GFI = 0.832；NNFI = 0.893；CFI = 0.904；AIC = 1119.790）。对基准模型和备选模型的验证性因子分析结果表明，七因子模型能更好地代表本书所测量的因子结构，实效合法性、道德合法性、服从、机会主义行为、信任、不信任和渠道绩效确实是七个不同的构念，它们之间具有良好的区分效度。

表 5-4 验证性因子分析结果

模型	χ^2	df	χ^2/df	RMSEA	RMR	GFI	NNFI	CFI	AIC
M_0（七因子）	1085.881	474	2.291	0.068	0.042	0.804	0.861	0.875	1259.881
M_8（六因子）	1592.438	480	3.318	0.091	0.073	0.709	0.750	0.773	1754.438
M_7（五因子）	1917.403	485	3.953	0.102	0.070	0.614	0.681	0.707	2069.403
M_6（四因子）	2013.251	489	4.117	0.105	0.081	0.654	0.663	0.688	2157.251
M_5（四因子）	2386.626	489	4.881	0.117	0.096	0.594	0.581	0.612	2530.626
M_4（四因子）	2416.972	489	4.943	0.118	0.090	0.555	0.574	0.606	2560.972
M_3（三因子）	2560.525	492	5.204	0.122	0.094	0.557	0.546	0.577	2698.525
M_2（二因子）	2753.425	494	5.574	0.127	0.092	0.545	0.506	0.538	2887.425
M_1（单因子）	3067.946	495	6.198	0.136	0.094	0.520	0.439	0.474	3199.946

注：①N = 283；M_1 为单因子模型（PL+ML+COMP+OPPO+TRUST+DISTR+PER）；M_2 为二因子模型（PL+ML+COMP+OPPO+TRUST+DISTR；PER）；M_3 为三因子模型（PL+ML；COMP+OPPO+TRUST+DIS-TR；PER）；M_4 为四因子模型（PL+ML；COMP+OPPO；TRUST+DISTR；PER）；M_5 为四因子模型（PL+ML；COMP+DISTR；TRUST+OPPO；PER）；M_6 为四因子模型（PL+ML；COMP+TRUST；OPPO+DISTR；PER）；M_7 为五因子模型（PL；ML；COMP+OPPO；TRUST+DISTR；PER）；M_8 为六因子模型（PL+ML；COMP；OPPO；TRUST；DISTR；PER）；M_0 为七因子模型（PL；ML；COMP；OPPO；TRUST；DISTR；PER），是基准模型。②PL = 实效合法性；ML = 道德合法性；COMP = 服从；OPPO = 机会主义行为；TRUST = 信任；DISTR = 不信任；PER = 渠道绩效。

第二节 共同方法偏差检验

本书所发放的问卷均由样本企业中某一关键信息掌握者填写，因此可能存在共同方法偏差（Common Method Variance，CMV）的问题，影响研究效度。共同方法偏差是指由同一填写者在同样的观测环境下填写同样的问卷所造成的变量间人为的共变，这是一种由测量方法而非测量构念所导致的变异，属于系统误差，其存在会对研究结果的有效性和客观性造成干扰。

由于本书进行的研究属于横切研究，为尽可能消除共同方差偏差的影响，笔者采用 Padsakoff 等（2003）的建议，使用改进量表题项的方法以达到共同方法偏差最小化的目的，具体做法如下：首先，在问卷说明中特别强调问卷匿名并对数据严格保密，以降低被调查者的社会称许性对其回答的干扰；其次，在问卷设计中并不特别指明哪些题项是针对哪一变量，并将不同变量的题项混合在一起，以模糊被调查者认知之间的直接连接。

大多数研究受条件限制并不能完全消除共同方法偏差，因此有必要在检验假设之前使用某些统计方法对共同方法偏差的严重程度进行推断。本书采用 Harmon 单因素检验法，即对所有量表项目（45 个）进行探索性因子分析，通过未旋转的因素矩阵中因子方差解释率的大小来判断是否有共同方法偏差的存在（Podsakoff et al.，2003）。输出结果显示，有 10 个因子的特征值大于 1，总的方差解释率为 67 33%，其中最大的因子方差解释率为 22.54%，未超过 50%的阈值标准，因此认为本书并不存在严重的共同方法偏差问题。

第三节 研究二假设检验

如前文所述，在研究二中，本书同时考虑了服从和机会主义行为这一对相互独立但含义相背的行为变量，基于"感知—行为—结果"这一逻辑认为它们可能对权力合法性及渠道绩效之间的关系起到中介作用,并提出 12 个假设（$H_1 \sim H_{12}$）以期能够全面描述基于"自我控制行为"视角的弱势方内生治理机制。在本节中,笔者将使用相关分析、层次回归分析、回归系数差异的 t 检验、两步聚类分析和 F 检验对前述 12 个假设进行统计验证。

一、描述性统计分析

研究二共涉及五个研究变量（实效合法性、道德合法性、服从、机会主义行为和渠道绩效）以及三个控制变量（总依赖程度、依赖不对称程度和环境不确定性）。其中,总依赖程度是经销商对供应商的依赖程度与供应商对经销商的依赖程度之和,即 $D_B + D_S$;而依赖不对称程度则是两者之差,即 $D_B - D_S$。除此之外,所有变量值均是变量各项目得分的均值。表 5-5 呈现了上述九个变量的均值、标准差和 Pearson 相关系数。

表 5-5 研究二各变量的均值、标准差和 Pearson 相关系数

变量	均值 （M）	标准差 （SD）	1	2	3	4	5	6	7	8
1. PL	3.74	0.650	1							
2. ML	3.48	0.727	0.200**	1						
3. COMP	3.65	0.531	0.433**	0.176**	1					
4. OPPO	2.64	0.768	−0.138*	−0.261**	−0.258**	1				
5. PER	3.44	0.576	0.445**	0.237**	0.318**	−0.223**	1			
6. TOTAL	5.64	1.122	0.106	−0.201**	0.085	0.147*	0.186**	1		
7. ASYM	0.76	0.598	0.093	0.125*	0.097	−0.160**	0.140*	0.026	1	
8. UNCERT	3.80	0.693	0.374**	0.040	0.309**	−0.078	0.203**	0.036	0.054	1

注：①PL=实效合法性；ML=道德合法性；COMP=服从；OPPO=机会主义行为；PER=渠道绩效；TOTAL=总依赖程度；ASYM=依赖不对称程度；UNCERT=环境不确定性。②N=283；* 表示 $p<0.05$；** 表示 $p<0.01$。

由表 5-5 可以看出,实效合法性与服从（$r=0.433$,$p<0.01$）和渠道绩效（$r=0.445$,$p<0.01$）均显著正相关,与机会主义行为（$r=-0.138$,$p<0.05$）显

著负相关；道德合法性与服从（r=0.176，p<0.01）和渠道绩效（r=0.237，p<0.01）均显著正相关，与机会主义行为（r=-0.261，p<0.01）显著负相关；服从与渠道绩效显著正相关（r=0.318，p<0.01），而机会主义行为与渠道绩效显著负相关（r=-0.223，p<0.01）。这些变量之间的正负向关系与之前研究推测的关系方向一致，为后文的假设验证提供了初步的支持。

另外，相关分析的结果发现，服从和机会主义行为之间有显著的负相关关系（r=-0.258，p<0.01），但相关系数的绝对值小于0.40，属于低度相关。这一结果也符合 Gilliand 和 Manning（2002）以及 Kashyap 等（2012）所做出的"服从和机会主义行为是一对相互独立但含义相背的变量"的论断。

二、假设检验

本书运用层次回归分析方法来检验 H_1、H_2、H_4、H_5 以及 H_7、H_8、H_9、H_{10}。在进行回归之前，笔者进行了多重共线性、残差独立性及正态性检验，并对所有变量进行了标准化处理。

本书的层次回归方法设计如下：第一步，先检验控制变量对服从、机会主义行为以及渠道绩效的影响；第二步，在控制变量之外，将实效合法性和道德合法性两个前置变量放入回归方程，分别检验它们对服从、机会主义行为和渠道绩效的影响；第三步，在控制变量之外，将服从和机会主义行为放入回归方程，检验这两个中介变量对渠道绩效的影响；第四步，在控制变量和前置变量之外，分别将服从和机会主义行为放入回归方程，观察服从和机会主义行为在实效合法性和道德合法性与渠道绩效之间的中介效应。表5-6 显示了上述层次回归的结果。

表5-6 研究二的层次回归分析结果

变量	CCMP		CPPO		PER		PER		
	M1	M2	M3	M4	M5	M6	M7	M8	M9
TOTAL	0.072	0.064	0.154**	0.120*	0.176**	0.188**	0.182**	0.175**	0.200***
ASYM	0.079	0.041	-0.160**	-0.128*	0.126*	0.081	0.076	0.071	0.056
UNCERT	0.302***	0.174**	-0.075	-0.035	0.190**	0.112	0.050	0.029	0.044
PL		0.336***		-0.085			0.362***	0.324***	0.350***
ML		0.109[a]		-0.202**			0.190**	0.177**	0.159**

续表

变量	COMP		OPPO		PER		PER		
	M1	M2	M3	M4	M5	M6	M7	M8	M9
COMP						0.215***		0.115*	
OPPO						−0.173**			−0.150**
R^2	0.107	0.228	0.054	0.105	0.089	0.176	0.261	0.271	0.281
调整后的 R^2	0.097	0.214	0.044	0.089	0.079	0.161	0.248	0.255	0.265
$\triangle R^2$	0.107	0.121	0.054	0.051	0.089	0.087	0.172	0.010	0.020
$\triangle F$	11.132***	21.721***	5.301**	7.951***	9.092***	14.594***	32.206***	3.896*	7.733**

注：①PL=实效合法性；ML=道德合法性；COMP=服从；OPPO=机会主义行为；PER=渠道绩效；TOTAL=总依赖程度；ASYM=依赖不对称程度；UNCERT=环境不确定性。②N=283；＊表示 $p<0.05$；＊＊表示 $p<0.01$；＊＊＊表示 $p<0.001$；a 表示 $p=0.05$。

从表 5-6 中可以看出，当自变量（实效合法性和道德合法性）和中介变量（服从和机会主义行为）分步进入回归方程之后，方程调整后的 R^2（即用自由度校正过的 R^2）逐渐增加，且其增加幅度是显著的（p 值均小于 0.05）。这些数据的变动反映出本书所选用的自变量和中介变量都能够显著地提升解释变量对被解释变量（渠道绩效）的方差解释率，或者说提升了多元线性回归线对样本观测值的拟合优度。

然而，拟合程度只能说明列入模型的解释变量对被解释变量的联合影响程度，相对而言，笔者更关心各个解释变量的总体回归系数的大小及显著程度。由表 5-6 可以看出，实效合法性对服从有显著的正向影响作用（β=0.336，t=5.707，$p<0.001$），H_1 得到验证；道德合法性对服从有正向影响作用（β=0.109，t=1.971，$p=0.050$），根据庞皓（2010）的观点，当 $p=0.05$ 时，可以拒绝原假设，认为道德合法性对服从的正向影响是显著的，H_2 得到验证。实效合法性对机会主义行为的负向影响作用（H_4）没有被证实（β=−0.085，t=−1.343，$p>0.05$）；但道德合法性对机会主义行为有显著的负向影响作用（β=−0.202，t=−3.371，$p<0.01$），H_5 得到验证。

另外，服从对渠道绩效有显著的正向影响作用（β=0.215，t=3.597，$p<0.001$），H_7 得到验证；机会主义行为对渠道绩效有显著的负向影响作用

（β=-0.173，t=-2.992，p<0.01），H$_8$ 也得到验证。

进一步地，根据 Baron 和 Kenny（1986）所推荐的中介效应检验程序，实效合法性对服从（H$_1$，已得到验证）及渠道绩效（β=0.362，t=6.301，p<0.001）都有显著的正向影响作用，道德合法性也对服从（H$_2$，已得到验证）及渠道绩效（β=0.190，t=3.475，p<0.01）有显著的正向影响作用，而服从对渠道绩效也有显著的正向影响作用（H$_7$，已得到验证）。当把实效合法性（β=0.324，t=5.351，p<0.001）、道德合法性（β=0.177，t=3.236，p<0.01）和服从（β=0.115，t=1.974，p<0.05）同时放入回归方程时，它们对渠道绩效的正向影响作用都是显著的。因此，可以推断服从部分中介了实效合法性和道德合法性与渠道绩效之间的关系，H$_{9a}$ 和 H$_{9b}$ 得证。

由于实效合法性与机会主义行为之间的负向影响关系（H$_4$）未得到证实，因此笔者只关注机会主义行为是否中介了道德合法性与渠道绩效之间的关系，结果显示，道德合法性对机会主义行为有显著的负向影响作用（H$_5$，已得到验证），对渠道绩效有显著的正向影响作用（β=0.190，t=3.475，p<0.01），而机会主义行为对渠道绩效有显著的负向影响作用（H$_8$，已得到验证），当把道德合法性（β=0.159，t=2.895，p<0.01）和机会主义行为（β=-0.150，t=-2.781，p<0.01）同时放入回归方程时，它们对渠道绩效的影响作用都是显著的。因此，可以推断机会主义行为部分中介了道德合法性与渠道绩效之间的关系，H$_{10b}$ 得到验证。

除上述影响关系之外，本书还关注了实效合法性和道德合法性对服从和机会主义行为影响效应大小的比较问题。其中，H$_3$ 认为"实效合法性对服从的正向影响作用要强于道德合法性对服从的正向影响作用"，而 H$_6$ 认为"道德合法性对机会主义行为的负向影响作用要强于实效合法性对机会主义行为的负向影响作用"。由于实效合法性对机会主义行为的负向影响作用没有被样本数据证实（H$_4$ 不成立），因此 H$_6$ 无法验证。接下来，笔者将使用 Cohen 等（2003）所推荐的方法（公式见附录二），对 H$_3$ 进行检验。根据模型 M$_2$ 所拟合的结果，计算出 t=（β$_{PL}$-β$_{ML}$）/SE$_{βPL-βML}$=2.527~t（277），给定显著性水平 α=0.05，查阅 t 分布表可知 p<0.05，因此可以拒绝原假设，认为实效合法性对服从的正向影响（β=0.336）确实显著强于道德合法性对服从的正向影响（β=0.109），H$_3$ 得到验证。

研究二的最后两个假设涉及服从和机会主义是否可以共存（H₁₁）以及服从和机会主义行为的不同高低组合对渠道绩效的影响（H₁₂），对此，本书将先后使用两步聚类分析（Two Step Cluster Analysis）和 F 检验进行验证。

　　聚类分析可以实现将对象集按其相似程度划分为若干个组，并使同一个组内的数据对象具有较高的相似度（即距离较近），而不同组中的数据对象相似度较低（即距离较远）。与 K-均值聚类分析必须要指定聚类个数（即组的数目）不同的是，两步聚类分析可以通过指定的判别准则（本书使用的是施瓦兹贝叶斯准则 BIC），自动选择最优的聚类个数。因此，本书拟采用两步聚类分析方法，依据服从和机会主义行为两个变量的得分均值，对样本企业进行聚类。聚类的最终结果如表 5-7 和表 5-8 所示。

表 5-7　服从和机会主义行为聚类结果——不同聚类方案之间的比较

聚类数	BIC	BIC 变化	BIC 变化率	距离测量比
1	413.902			
2	317.762	−96.141	1.000	1.488
3	**260.532**	**−57.230**	**0.595**	**2.606**
4	252.492	−8.040	0.084	1.262

表 5-8　服从和机会主义行为聚类结果——聚类数为 3

聚类	样本个数	比例（%）	COMP		OPPO	
			均值（M）	标准差（SD）	均值（M）	标准差（SD）
1	83	29.3	3.90	0.284	3.34	0.461
2	115	40.6	3.92	0.360	1.95	0.446
3	85	30.0	3.02	0.356	2.89	0.556
组合	283	100.0	3.65	0.531	2.64	0.768

注：N=283；COMP=服从；OPPO=机会主义行为。

　　如表 5-7 所示，当聚类个数为 3 时，BIC 变化率（Ratio of BIC Changes）和距离测量比（Ratio of Distance Measures）都大于其他分组方案[1]，因此可认为将

---

[1]　当聚类数分别为 2 和 3 时，两个聚类方案间的 BIC 变化率不可比，因为 BIC 变化率与两个聚类解的变化相关，由于聚类数为 1 时不存在变化率，所以聚类数为 2 时 BIC 变化率为 1.000。

样本企业分为三组是最优的聚类方案。因此，本书采用两步聚类分析方法最终将283 个样本企业按照服从和机会主义行为的得分均值分成了三组。以总样本均值（$M_{服从}=3.65$；$M_{机会主义行为}=2.64$）为划分边界，本书将聚类 1 命名为"阳奉阴违者"（N=83），其服从均值（M=3.90）和机会主义行为均值（M=3.34）分别高于总样本均值 0.47 和 0.91 个标准差（$SD_{服从}=0.531$；$SD_{机会主义行为}=0.768$）；将聚类 2 命名为"模范'公民'"（N=115），其服从均值（M=3.92）高于总样本均值 0.51 个标准差，但机会主义行为均值（M=1.95）低于总样本均值 0.90 个标准差；将聚类 3 命名为"叛逆分子"（N=85），其服从均值（M=3.02）低于总样本均值 1.19 个标准差，而机会主义行为均值（M=2.89）却高于总样本均值 0.33 个标准差。三组之间的关系如图 5-11 所示。另外，虽然低服从/低机会主义行为这一组未出现在聚类结果中，但由于它并未被列入本书的讨论范畴（见研究二中 H_{11} 的推导），因此这一组别的缺失并不会影响本书最终的研究结果。

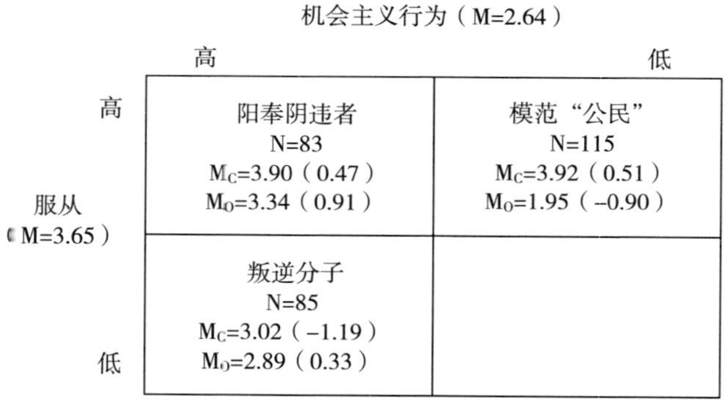

机会主义行为（M=2.64）

	高	低
高	阳奉阴违者 N=83 M_C=3.90（0.47） M_O=3.34（0.91）	模范"公民" N=115 M_C=3.92（0.51） M_O=1.95（−0.90）
低	叛逆分子 N=85 M_C=3.02（−1.19） M_O=2.89（0.33）	

服从
（M=3.65）

图 5-11　阳奉阴违者、模范"公民"和叛逆分子分组关系

注：①N 为各分组样本个数，样本总数为 283；M_C 表示服从均值；M_O 表示机会主义行为均值。②括号内的数值=（各分组样本均值−总样本均值）/总样本标准差。

如图 5-11 所示，本书证实了高服从和高机会主义行为可以同时出现，即弱势方中确实存在有阳奉阴违的现象，H_{11} 得到验证。进一步地，笔者试图证明上述三组样本企业所在的渠道绩效有显著差异，会呈现"模范'公民'大于阳奉阴违者大于叛逆分子"这样的大小顺序关系。F 检验的结果证实了上述推断：首先，方差齐性检验的 p 值等于 0.108，大于 0.05，因此认为组间方差齐；其次，

F（2，280）＝21.746，p<0.001，故可以推断三组样本企业的渠道绩效均值是有显著差异的。进一步的多重比较结果显示，模范"公民"的渠道绩效（M＝3.66；SD＝0.487）显著高于阳奉阴违者的渠道绩效（M＝3.44；SD＝0.496），其均值差为0.22，p<0.01，而阳奉阴违者的渠道绩效又显著高于叛逆分子的渠道绩效（M＝3.14；SD＝0.635），其均值差为0.30，p<0.001，而模范"公民"的渠道绩效也显著高于叛逆分子的渠道绩效，其均值差为0.52，p<0.001，由此H_{12}得到验证。

三、研究结果

如上文所述，在研究二的12个假设中，H_4不成立，由此H_6和H_{10}也无法验证，但除此之外，其他假设均被证实，其结果如表5-9所示。

表5-9　研究二假设验证结果汇总

假设编号	假设内容	结果
H_1	弱势方对强势方权力行使的实效合法性的感知会正向影响弱势方的服从	支持
H_2	弱势方对强势方权力行使的道德合法性的感知会正向影响弱势方的服从	支持
H_3	实效合法性对服从的正向影响作用要强于道德合法性对服从的正向影响作用	支持
H_4	弱势方对强势方权力行使的实效合法性的感知会负向影响弱势方的机会主义行为	不支持
H_5	弱势方对强势方权力行使的道德合法性的感知会负向影响弱势方的机会主义行为	支持
H_6	道德合法性对机会主义行为的负向影响作用要强于实效合法性对机会主义行为的负向影响作用	无法验证
H_7	弱势方的服从会正向影响渠道绩效水平	支持
H_8	弱势方的机会主义行为会负向影响渠道绩效水平	支持
H_9	服从中介了（a）实效合法性和（b）道德合法性与渠道绩效之间的关系	支持
H_{10}	机会主义行为中介了（a）实效合法性和（b）道德合法性与渠道绩效之间的关系	H_{10a} 无法验证 H_{10b} 支持
H_{11}	服从和机会主义行为可以共存，即存在有高服从/高机会主义行为的现象	支持
H_{12}	在三种行为类型中，模范"公民"所在渠道的绩效水平最高、阳奉阴违者次之，叛逆分子最低	支持

其中，H_1、H_2和H_3的验证揭露了这样的事实：在权力结构不对称的渠道关系中，虽然实效合法性和道德合法性对提升弱势方服从都有显著的积极作用，但

相对而言，弱势方公开的服从行动主要还是受到基于利益评判的实效合法性的影响而非是道德合法性。这其中的缘由自然要归结到企业的逐利性特点，与强调尊重和自由的道德合法性相比，基于利益评估的实效合法性更能刺激弱势方形成公开的服从行为。

虽然可以显著地促进公开的服从，但实效合法性在机会主义行为的抑制上却收效甚微（未被证实的 H_4），这也就是说，即使弱势方认为强势方的权力行使为己方带来了巨大利益，但其却不会因此而大幅度降低背地里从事欺诈行为的倾向。而此时，道德合法性展现了其能显著降低弱势方机会主义行为的作用（H_5）。在非对称权力结构的营销渠道中，强势方明明具备了强制和压迫弱势方的权力，但却选择以一种尊重而友好的方式行事，此时，虽说自利仍是弱势方的第一经济原则，但作为社会性的个体，互惠原则会驱动弱势方在一定程度上收敛自己主动恣意的欺诈行为，即实现了对其机会主义行为的自我控制。

另外，弱势方的服从和机会主义行为对渠道绩效的影响作用以及在权力合法性和渠道绩效之间的中介作用都被证实（H_7、H_8、H_9、H_{10b}，H_{10a} 无法验证）。虽说在此之前，Frazier 和 Rody（1991）已讨论过强势方滥用权力的代价，但上述假设的证实将这一过程更加具化：当弱势方选择服从时，整体渠道绩效会提高；而当弱势方选择机会主义行为时，整体渠道绩效会降低；尽管弱势方处于营销渠道权力金字塔的底端，但其行为选择却是强势方权力行使—弱势方权力合法性评估—弱势方行为选择—整体渠道绩效的关键中介环节，营销者不该也不能忽视这一点。

H_{11} 的证实更在"非黑即白"的单线思维之外，发现了第三种行为类型的存在，即服从和机会主义行为水平双高，本书称其为"阳奉阴违"，并证实三种行为类型的弱势方个体所在渠道的绩效两两之间呈现显著差异（H_{12}）。

第四节　研究三假设检验

尽管有学者认为信任与不信任是同一事物的正负两端，但也有大量研究证实信任和不信任是一对相互独立但含义相背的变量，本书采纳后一种观点，在研究三中设定了 11 个假设（$H_{13} \sim H_{23}$）以观察基于"自我调整心态"视角的弱势方内生治理机制，并认为信任和不信任在这一机制中扮演了中介变量的角色。在本节中，笔者将使用相关分析、层次回归分析、回归系数差异的 t 检验、聚类分析和 F 检验对上述 11 个假设进行统计验证。

一、描述性统计分析

研究三共涉及五个研究变量（实效合法性、道德合法性、信任、不信任和渠道绩效）以及三个控制变量（总依赖程度、依赖不对称程度和环境不确定性）。其中，总依赖程度是经销商对供应商的依赖程度与供应商对经销商的依赖程度之和，即 $D_B + D_S$；而依赖不对称程度则是两者之差，即 $D_B - D_S$。除此之外，所有变量值均是变量各项目得分的均值。表 5-10 呈现了上述八个变量的均值、标准差和 Pearson 相关系数。

表 5-10　研究三各变量的均值、标准差和 Pearson 相关系数

变量	均值（M）	标准差（SD）	1	2	3	4	5	6	7	8
1. PL	3.74	0.650	1							
2. ML	3.48	0.727	0.200**	1						
3. TRUST	3.78	0.618	0.567**	0.324**	1					
4. DISTR	2.66	0.741	-0.249**	-0.386**	-0.420**	1				
5. PER	3.44	0.576	0.445**	0.237**	0.552**	-0.417**	1			
6. TOTAL	5.64	1.122	0.106	-0.201**	0.188**	0.028	0.186**	1		
7. ASYM	0.76	0.598	0.093	0.125*	0.167**	-0.160**	0.140*	0.026	1	
8. UNCERT	3.80	0.693	0.374**	0.040	0.280**	-0.151*	0.203**	0.036	0.054	1

注：①PL=实效合法性；ML=道德合法性；TRUST=信任；DISTR=不信任；PER=渠道绩效；TOTAL=总依赖程度；ASYM=依赖不对称程度；UNCERT=环境不确定性。②N=283；* 表示 $p<0.05$；** 表示 $p<0.01$。

由表 5-10 可以看出，实效合法性与信任（$r=0.567$，$p<0.01$）和渠道绩效（$r=0.445$，$p<0.01$）均显著正相关，与不信任（$r=-0.249$，$p<0.01$）显著负相

关；道德合法性与信任（r=0.324，p<0.01）和渠道绩效（r=0.237，p<0.01）均显著正相关，与不信任（r=-0.386，p<0.01）显著负相关；信任与渠道绩效显著正相关（r=0.552，p<0.01），而不信任与渠道绩效显著负相关（r=-0.417，p<0.01）。这些变量之间的正负向关系与之前研究推测的关系方向一致，为后文的假设验证提供了初步的支持。

另外，相关分析的结果发现，信任和不信任之间有显著的负相关关系（r=-0.420，p<0.01），但相关系数的绝对值仅仅大于0.40，远小于0.70，这一结果也符合 Lewicki 等（1998）所做出的"信任和不信任是一对相互独立但含义相背的变量"的论断。

二、假设检验

本书运用层次回归分析方法来检验 H_{13}、H_{14}、H_{16}、H_{17} 以及 H_{19}、H_{20}、H_{21}、H_{22}。在进行回归之前，笔者进行了多重共线性、残差独立性及正态性检验，并对所有变量进行了标准化处理。

本书的层次回归方法设计如下：第一步，先检验控制变量对信任、不信任以及渠道绩效的影响；第二步，在控制变量之外，将实效合法性和道德合法性两个前置变量放入回归方程，分别检验它们对信任、不信任和渠道绩效的影响；第三步，在控制变量之外，将信任和不信任放入回归方程，检验这两个中介变量对渠道绩效的影响；第四步，在控制变量和前置变量之外，分别将信任和不信任放入回归方程，观察信任和不信任在实效合法性和道德合法性与渠道绩效之间的中介效应。表5-11显示了上述层次回归的结果。

从表5-11中可以看出，当自变量（实效合法性和道德合法性）和中介变量（信任和不信任）分步进入回归方程之后，方程的调整后的 R^2（即用自由度校正过的 R^2）逐渐增加，且其增加幅度是显著的（p值均小于0.05）。这些数据的变动反映出本书所选用的自变量和中介变量都能够显著地提升对被解释变量（渠道绩效）的方差解释率，或者说提升了多元线性回归线对样本观测值的拟合优度。

然而，拟合程度只能说明列入模型的解释变量对被解释变量的联合影响程度，相对而言，笔者更关心各个解释变量的总体回归系数的大小及显著程度。由表5-11可以看出，实效合法性对信任有显著的正向影响作用（β=0.456，t=8.909，p<0.001），H_{13} 得到验证；道德合法性对信任也有显著的正向影响作用（β=0.256， t=5.276，p<0.001），H_{14} 得到验证。另外，实效合法性对不信任有显著的负向影响作用（β=-0.138，t=-2.306，p<0.05），同时道德合法性对不信任也有显著的负向影响作用（β=-0.347，t=-6.103，p<0.001），H_{16} 和 H_{17} 都得到验证。

表 5-11　研究三的层次回归分析结果

	TRUST		DISTR		PER		PER		
	M_1	M_2	M_3	M_4	M_5	M_6	M_7	M_8	M_9
TOTAL	0.175 **	0.186 ***	0.037	-0.022	0.176 **	0.113 *	0.182 **	0.111 *	0.176 **
ASYM	0.149 **	0.083	-0.153 **	-0.099	0.126 *	0.028	0.076	0.044	0.046
UNCERT	0.266 ***	0.088	-0.144 *	-0.079	0.190 **	0.046	0.050	0.016	0.026
PL		0.456 ***		-0.138 *			0.362 ***	0.188 ***	0.321 ***
ML		0.256 ***		-0.347 ***			0.190 **	0.091	0.086
TRUST						0.415 ***		0.383 ***	
DISTR						-0.235 ***			-0.297 **
R^2	0.132	0.415	0.047	0.196	0.089	0.361	0.261	0.347	0.332
调整后的 R^2	0.123	0.405	0.037	0.181	0.079	0.350	0.248	0.333	0.318
$\triangle R^2$	0.132	0.283	0.047	0.149	0.089	0.272	0.172	0.086	0.071
$\triangle F$	14.163 ***	67.060 ***	4.609 **	25.572 ***	9.092 ***	58.976 ***	32.206 ***	36.282 ***	29.406 ***

注：①PL=实效合法性；ML=道德合法性；TRUST=信任；DISTR=不信任；PER=渠道绩效；TOTAL=总依赖程度；ASYM=依赖不对称程度；UNCERT=环境不确定性。②N=283；＊表示 p<0.05；＊＊表示 p<0.01；＊＊＊表示 p<0.001。

另外，信任对渠道绩效有显著的正向影响作用（β=0.415，t=7.384，p<0.001），H_{19} 得到验证；不信任对渠道绩效有显著的负向影响作用（β=-0.235，t=-4.382，p<0.001），H_{20} 也得到验证。

进一步地，根据 Baron 和 Kenny（1986）所推荐的中介效应检验程序，实效合法性对信任（H_{13}，已得到验证）及渠道绩效（β=0.362，t=6.301，p<0.001）都有显著的正向影响作用，道德合法性也对信任（H_{14}，已得到验证）及渠道绩效（β=0.190，t=3.475，p<0.01）有显著的正向影响作用，而信任对渠道绩效也有显著的正向影响作用（H_{19}，已得到验证）。当把实效合法性、道德合法性和信任同时放入回归方程时，实效合法性（β=0.188，t=3.056，p<

0.001）和信任（β＝0.383，t＝6.023，p<0.001）对渠道绩效的正向影响作用都是显著的，但道德合法性的正向影响效应不显著（β＝0.091，t＝1.697，p>0.05）。因此，可以推断信任部分中介了实效合法性和渠道绩效之间的关系，完全中介了道德合法性与渠道绩效之间的关系，H_{21a} 和 H_{21b} 得证。

　　同样，实效合法性和道德合法性对不信任都有显著的负向影响作用（H_{16} 和 H_{17}，已得到验证），对渠道绩效都有显著的正向影响作用（β＝0.362，t＝6.301，p<0.001；β＝0.190，t＝3.475，p<0.01），而不信任对渠道绩效也有显著的负向影响作用（H_{2C}，已得到验证）。当把实效合法性、道德合法性和不信任同时放入方程时，实效合法性对渠道绩效有显著的正向影响（β＝0.321，t＝5.809，p<0.001），不信任对渠道绩效有显著的负向影响（β＝－0.297，t＝－5.423，p<0.01），但道德合法性的正向影响效应不显著（β＝0.086，t＝1.559，p>0.05）。因此，可以推断不信任部分中介了实效合法性和渠道绩效之间的关系，完全中介了道德合法性与渠道绩效之间的关系，H_{22a} 和 H_{22b} 得证。

　　除上述影响关系之外，本书还关注了实效合法性和道德合法性对信任和不信任影响效应大小的比较问题。其中，H_{15} 认为"实效合法性对信任的正向影响作用要强于道德合法性对信任的正向影响作用"，而 H_{18} 认为"道德合法性对不信任的负向影响作用要强于实效合法性对不信任的负向影响作用"。接下来，笔者将使用 Cohen 等（2003）所推荐的方法（公式见附录二），对 H_{15} 和 H_{18} 进行检验。首先，根据模型 M_2 所拟合的结果，计算出 $t=(\beta_{PL}-\beta_{ML})/SE_{\beta_{PL}-\beta_{ML}}=2.569\sim t(277)$，给定显著性水平 α＝0.05，查阅 t 分布表可知 p<0.05，因此可以拒绝原假设，认为实效合法性对信任的正向影响（β＝0.456）确实显著强于道德合法性对服从的正向影响（β＝0.256），H_{15} 得到验证。其次，根据 M_4 拟合的结果，计算出 $=(\beta_{PL}-\beta_{ML})/SE_{\beta_{PL}-\beta_{ML}}=2.290\sim t(277)$，给定显著性水平 α＝0.05，查阅 t 分布表可知 p<0.05，因此可以拒绝原假设，认为道德合法性对不信任的负向影响作用（β＝－0.347）要强于实效合法性对不信任的负向影响作用（β＝－0.138），H_{18} 得到验证。H_{15} 和 H_{18} 这两个假设得到验证不仅证明了影响效应的大小问题，更重要地，在信任和不信任相关关系仅为－0.420（p<0.01）这一初步证据之上，又增加了一个证实"信任和不信任是两个独立变量"的依据。

　　研究三的最后一个假设 H_{23} 涉及信任和不信任之间的非对称关系，即同时考虑信任和不信任时，实效合法性和道德合法性的高低组合对信任和不信任的影响作用。对此，本书将先后使用两步聚类分析和 F 检验对上述假设进行验证。具体过程是：先根据实效合法性和道德合法性两个变量的得分均值对样本企业进行聚类分组，然后再使用 F 检验方法检验实效合法性和道德合法性不同的高低组合之间在信任得分和不信任得分上是否存在差异以及差异大小。

两步聚类分析的最终结果如表 5-12 和表 5-13 所示。其中，表 5-12 表明聚类个数为 3 或 4 都是合适的：当聚类个数为 3 时，BIC 变化率最高，但距离测量比低于聚类个数为 4 的方案；聚类个数为 4 时，距离测量比最高，但 BIC 变化率低于聚类个数为 3 的方案。

表 5-12　实效合法性和道德合法性聚类结果——不同聚类方案之间的比较

聚类数	BIC	BIC 变化	BIC 变化率	距离测量比
1	413.902			
2	321.244	−92.658	1.000	1.853
3	**281.626**	**−39.618**	**0.428**	**1.368**
4	**258.726**	**−22.899**	**0.247**	**1.905**
5	257.434	−1.292	0.014	1.102

表 5-13　实效合法性和道德合法性聚类结果——聚类数为 3

聚类	样本个数	比例（%）	PL		ML	
			均值（M）	标准差（SD）	均值（M）	标准差（SD）
1	137	48.4	4.08	0.523	4.00	0.479
2	86	30.4	3.81	0.364	2.79	0.538
3	60	21.2	2.85	0.322	3.29	0.452
组合	283	100.0	3.74	0.650	3.48	0.727

注：N=283；PL=实效合法性；ML=道德合法性。

SPSS 20.0 统计工具最终给出了四个聚类分组，但仔细观察后发现，聚类 1（$M_{PL}=4.90$；$M_{ML}=3.68$）和聚类 3（$M_{PL}=3.86$；$M_{ML}=4.09$）的实效合法性和道德合法性均值均高于相对应的总体均值（$M_{PL}=3.74$；$M_{ML}=3.48$），也就是说，这两个聚类均属于高实效合法性/高道德合法性这一类别，因此笔者将其整合为一类，最终聚类个数为 3，其描述性统计结果如表 5-13 所示。其中，聚类 1 为高实效合法性/高道德合法性，聚类 2 为高实效合法性/低道德合法性，聚类 3 为低实效合法性/低道德合法性，而低实效合法性/高道德合法性这一分组未被识别。

之后，笔者使用 F 检验分别对上述三组样本企业的信任和不信任倾向进行分析，其结果如表 5-14 所示。首先，方差齐性检验的 p 值均大于 0.05，因此认为三个分组在信任和不信任得分上的组间方差都是齐性的。其次，在信任得分上，$F_{(2, 280)} = 42.014$，$p < 0.001$，在不信任得分上，$F_{(2, 280)} = 23.718$，$p < 0.001$，故可以推断信任和不信任均值在三组样本企业间都有显著差异。最后，多重比较结果显示：在信任得分上，三个分组两两之间都有显著差别（$p < 0.001$）；在不信任得分上，聚类 2（高实效合法性/低道德合法性）与聚类 3（低实效合法性/低道德合法性）之间无显著差异（$p = 0.982$），而其他两两比较均有显著差别（$p < 0.001$）。

表 5-14　三组样本企业在信任和不信任得分上的组间差异（F 检验结果）

变量	分组	N	均值（M）	标准差（SD）	方差齐性检验	F	多重比较	
							组间	p
信任（M = 3.78；SD = 0.618）	1. 高 PL 高 ML	137	4.04	0.492	p = 0.057	42.014	1～2	<0.001
	2. 高 PL 低 ML	86	3.72	0.559			2～3	<0.001
	3. 低 PL 低 ML	60	3.28	0.629			1～3	<0.001
不信任（M = 2.66；SD = 0.741）	1. 高 PL 高 ML	137	2.37	0.692	p = 0.966	23.718	1～2	<0.001
	2. 高 PL 低 ML	86	2.93	0.661			2～3	0.982
	3. 低 PL 低 ML	60	2.93	0.717			1～3	<0.001

注：N = 283；PL = 实效合法性；ML = 道德合法性。

由表 5-14 可以看出，当实效合法性和道德合法性都很高时，弱势方的信任均值（M = 4.04；SD = 0.492）高于总体均值（M = 3.78；SD = 0.618），而不信任均值（M = 2.37；SD = 0.692）低于总体均值（M = 2.66；SD = 0.741）；当实效合法性和道德合法性都比较低时，弱势方的信任均值（M = 3.28；SD = 0.629）低于总体均值，而不信任均值（M = 2.93；SD = 0.717）则高于总体均值；当实效合法性较高而道德合法性较低时，弱势方也同样呈现低信任（M = 3.72；SD = 0.559）和高不信任（M = 2.93；SD = 0.661）状态。由于本书没有区分出低实效合法性/高道德合法性，故而无法验证这种情形下是否也会出现低信任/高不信任的情况，因此只能说 H_{23} 部分得到验证。

三、研究结果

综上所述，研究三的 11 个假设均被证实，其结果如表 5-15 所示。

表 5-15　研究三假设验证结果汇总

假设编号	假设内容	结果
H_{13}	弱势方对强势方权力行使的实效合法性的感知会正向影响弱势方对强势方的信任	支持
H_{14}	弱势方对强势方权力行使的道德合法性的感知会正向影响弱势方对强势方的信任	支持
H_{15}	实效合法性对信任的正向影响作用要强于道德合法性对信任的正向影响作用	支持
H_{16}	弱势方对强势方权力行使的实效合法性的感知会负向影响弱势方对强势方的不信任	支持
H_{17}	弱势方对强势方权力行使的道德合法性的感知会负向影响弱势方对强势方的不信任	支持
H_{18}	道德合法性对不信任的负向影响作用要强于实效合法性对不信任的负向影响作用	支持
H_{19}	弱势方对强势方的信任会正向影响渠道绩效水平	支持
H_{20}	弱势方对强势方的不信任会负向影响渠道绩效水平	支持
H_{21}	信任中介了（a）实效合法性和（b）道德合法性与渠道绩效之间的关系	支持
H_{22}	不信任中介了（a）实效合法性和（b）道德合法性与渠道绩效之间的关系	支持
H_{23}	在实效合法性和道德合法性的高低四种组合中，只有（a）实效合法性和道德合法性都很高时，弱势方才会表现出高信任/低不信任的状态；而（b）其他三种情况都会导致低信任/高不信任的结果	部分支持

上述分析证实了实效合法性和道德合法性对信任产生都有显著的正向影响作用（H_{13} 和 H_{14}），对不信任的产生都有显著的负向影响作用（H_{16} 和 H_{17}），但各自影响的程度却是不同的，具体而言：相比道德合法性，弱势方信任的形成更多地受到了基于利益评判的实效合法性的影响（H_{15}）；而弱势方对强势方的不信任，则更多的是因为对方的权力行使未能在道德合法性方面得到弱势方认可（H_{18}）。这一结论不仅证实了实效合法性和道德合法性对信任和不信任的非对称影响效应，从另一个角度来看，其又为证实"信任和不信任是两个独立变量"增加了一个依据。

另外，以上分析结果也证实了信任会正向影响渠道绩效（H_{19}），而不信任会负向影响渠道绩效（H_{20}），这一结果说明：当个体对另一方的意向或行为抱有正面的期望时，会心甘情愿地采取某些可能会被对方利用的行为，这虽然会为自己带来单方面的风险，但却可以提高集体的共同利益；相反，当个体对另一方的意向或行为抱有负面的期望时，其会在"对方一定对己不利"的假定下选择对自己有利的决策，更加强调自我而不是整体利益，更倾向于采取防卫性的不合作立场甚至攻击行为，并最终导致整体渠道绩效水平降低。这一"个体理性最终降低集体共同利益"的过程，与博弈论中的"囚徒困境"有共同之处。

信任和不信任在权力合法性和渠道绩效之间的中介作用被证实（H_{21} 和 H_{22}），这说明信任和不信任确实是基于"自我调整心态"视角的弱势方内生治理机制的中介变量，其中，信任在其中起到了部分中介作用，而不信任则起到完全中介作用。弱势方对强势方权力行使的合法性的评估，会影响弱势方对强势方正面/负面行事期待的高低（心态），进而影响双方合作氛围（Blois，2010），最终影响整体渠道绩效水平。

信任和不信任之间的不对称关系被部分证实，即相对信任而言，不信任更容易被激发。具体而言，只有实效合法性和道德合法性都很高时，才会引发高信任和低不信任的状态；只要弱势方对强势方权力行使的实效合法性和道德合法性的感知有一方出现负面的情况，其他正面线索对信任的正向影响作用就会被遮盖，从而使弱势方产生低信任和高不信任的心理状态。

第五节　本章小结

此章是本书的结果报告章节。首先，本章报告了测量工具的信度、聚合效度、区分效度以及共同方法偏差的检验方法、过程及结果。其结果均高于研究所需之标准阈值。其次，本章按照研究二到研究三的顺序，依次汇报了使用相关分析、层次回归分析、回归系数差异的 t 检验、两步聚类分析和 F 检验方法对 23 个假设的最终检验结果，并对结果进行了讨论说明。

第六章 研究结论与启示

本章在前文命题推导、假设提出及检验的基础上，对绪论中提出的若干研究问题进行了回答，着重阐述基于权力合法性的弱势方内生治理机制，即汇报对实效合法性、道德合法性、服从、机会主义行为、信任、不信任以及渠道绩效之间关系的研究结论。在此基础上，进一步提出本书的管理启示、可能的创新之处、研究局限以及未来的研究方向。

第一节 研究结论

本书以社会交换理论和社会认知理论为理论基础，提出并检验了渠道关系中基于权力合法性的弱势方内生治理机制，即实效合法性和道德合法性如何影响弱势方行为及心态并进一步影响渠道绩效水平的过程。立足于理论推导和实证检验，本书得出以下结论：

第一，实效合法性和道德合法性均能提高弱势方合作水平并进而促进渠道绩效，而合作行为（服从/机会主义行为）以及合作心态（信任/不信任）在其中的中介效应也被证实，这说明基于权力合法性的弱势方内生治理机制确实存在且有效。

Frazier 等（1989）认为，渠道关系研究中有两个关键问题，一个是"一方（A）对另一方（B）的影响力从何而来"，另一个是"面对 A 所施加的影响，B 企业的反应是怎样的"。本书更关心后一个问题，并将"反应"细化为弱势方在行为及心态上的合作倾向，试图对上述问题进行解释和说明。

研究证明，实效合法性和道德合法性对弱势方在行为及心态上的合作倾向均有较强的解释力。其中，实效合法性和道德合法性会显著促进弱势方服从水平，而道德合法性会显著降低弱势方的机会主义行为倾向；实效合法性和道德合法性均会显著提高弱势方信任强势方的可能性而降低不信任产生的可能性。这与Suchman（1995）以及Blois（2010）的理论推导结果是一致的，说明弱势方对强势方影响的"反应"是其在同时考虑所能得到的利益以及被强势方对待的方式的基础上做出的。

然而，实效合法性对机会主义行为的负向影响作用并未得到实证结果支持，可能的原因是：实效合法性作为一种基于利益的合法性感知，主要反映了弱势方从强势方的权力行使中能够得到多少利益或强势方的权力行使能帮助其在多大程度上实现目标；虽说已得的可观利益会提高弱势方实施机会主义行为的机会成本，从而降低其对强势方行使机会主义行为的倾向，但是，由于机会主义行为是在背地里进行的，只要弱势方认为机会主义行为足够隐蔽（也许并非事实），上述机会成本便不会有变现的可能时，单靠基于利益的实效合法性驱动就无法抑制弱势方背地里做出欺诈行为。这时，实效合法性与机会主义行为之间的负向影响关系并不显著。

进一步地，研究发现服从和信任对渠道绩效有显著的正向影响，而机会主义行为和不信任对渠道绩效有显著的负向影响。这与Smith和Barclay（1997）、Lonsdale（2001）、Claro等（2003）、Johnston等（2004）和Palmatier等（2007）的观点一致。由此来看，尽管单个弱势方人微言轻，但强势方仍不能忽视其合作价值（Frazier and Rody，1991）；更重要的是，当跳出二元关系而从整体上审视渠道系统时，上述合作价值会因弱势方的人数优势而以数量级的方式扩张，强势方应关注这一点。

另外，研究发现在实效合法性和道德合法性与渠道绩效之间的关系中，服从、机会主义行为与信任起到了部分中介作用，而不信任在道德合法性和渠道绩效之间起到了完全中介作用。这表明，实效合法性和道德合法性对渠道绩效的正向影响作用是通过弱势方行为及心态的中介作用传递的。

结合上述发现，笔者最终证实了基于权力合法性的弱势方内生治理机制的存在性和有效性——实效合法性和道德合法性都会有效引发弱势方心态和行为的自我调整，表现为对强势方命令和要求的积极服从，以及自我抑制在背地里使用阴暗伎俩的倾向，同时对强势方的未来行为形成不加判断的信任，减少怀疑和恶意揣测，最终构建出运转高效、和谐共处的良好合作氛围，使双方关系绩效水平稳定提升。

第二，实效合法性和道德合法性对弱势方合作心态及行为的影响具有不对称性。

在上述研究结论之上，本书进一步发现，不同的权力合法性在影响弱势方合作心态及行为时，其效应大小存在显著差异，即具有不对称性的特点。

首先，权力合法性对合作行为影响的不对称性体现在：①实效合法性对弱势方服从行为的正向影响要显著强于道德合法性对弱势方服从行为的正向影响，即基于利益所得感知的实效合法性会比基于行事正当性感知的道德合法性更易促进弱势方的服从。由此可以判断，相对于"被如何对待"这种"软"考虑来说，利益所得是更为实在的"硬通货"，尤其是在逐利的商业关系中，这种由于利益而产生的实效合法性是促进弱势方公开表示服从的最重要的条件。这一发现也从实证的角度印证了研究一所提出的命题猜想，即只有在强势方的权力行使存在实效合法性的情况下，弱势方才会选择服从，实效合法性是弱势方服从的必要条件（P_1），以及如果强势方的权力行使存在道德合法性，则弱势方会选择服从，道德合法性是弱势方服从的充分条件（P_2）。②由于实效合法性对弱势方机会主义行为的影响作用没有被证实，因此本书无从就实效合法性和道德合法性对弱势方机会主义行为的影响效应进行统计验证。但直观来看，基于本书收集的数据，笔者无法拒绝实效合法性对弱势方机会主义行为并不存在（线性）影响效应的原假设，而却能证实道德合法性对弱势方机会主义行为确实有显著的负向影响，这一结果可以从一定程度上反映实效合法性和道德合法性对弱势方机会主义行为影响之间的不对称性质。

其次，权力合法性对合作心态影响的不对称性体现在：实效合法性对弱势方信任的正向影响力度要强于道德合法性对弱势方信任的正向影响力度；而道德合法性对弱势方不信任的负向影响力度则强于实效合法性对弱势方不信任的影响力度。这一结论与 Komiak 和 Benbasat（2008）、Conchie 等（2011）以及 Lee 等（2015）的发现是一致的，可说明以下两个问题：①信任和不信任确实是两个相互独立的概念（这一点将在第四个结论中详细阐述）；②相对而言，信任主要受认知激发而不信任主要由情感激发（Lee et al.，2015），因此，来自于强势方足够的利益刺激会更有效地增加弱势方对强势方的信心与正面期望，而基于弱势方期望"正确的行事"会更有效地降低弱势方对强势方的怀疑和负面期望。

总的来说，本书最终证实了不同的权力合法性对服从/机会主义行为以及信任/不信任的不对称性影响效应，这一发现为渠道营销者更深入、更具化地理解弱势方心态和行为提供了有价值的方向性指导。

第三，服从和机会主义行为是相互独立的概念，弱势方不同程度的服从与机会主义行为的高低组合导致渠道绩效出现显著差异。

研究发现，服从和机会主义行为之间存在显著的低度相关关系（r=−0.258，p<0.01），且不同权力合法性对两者影响的大小不同。这一结论与 Gilliand 和 Manning（2002）以及 Kashyap 等（2012）的观点一致，说明服从和机会主义行为确实是两个意义相反且相互独立的概念。进一步地，本书用数据证实，现实中有高服从和高机会主义行为同时存在的现象，笔者将其称为"阳奉阴违"，即在公开表示服从的同时，并不放弃在背地里行使机会主义行为的可能。与模范"公民"和叛逆分子两种行为类型相比，阳奉阴违者的渠道绩效显著低于模范"公民"（高服从/低机会主义行为）的情况，同时亦显著高于叛逆分子（低服从/高机会主义行为）的渠道绩效。由此看来，要提高渠道治理绩效，应双管齐下，在提高弱势方服从意愿的同时降低其机会主义行为发生的可能性。

第四，信任和不信任是相互独立的概念，它们之间存在非对称性关系。

在信任和不信任是否是两个概念这一问题上，学者们的看法存在分歧。但自21世纪以来，将信任和不信任分成两个概念进行讨论的实证研究逐显规模，学者们分别使用非结构化访谈（Hsiao，2003；Saunders et al.，2014）、现场观察（Hsiao，2003）、协议分析（Komiak and Benbasat，2008）、卡片分类（Saunders et al.，2014）、配对比较（Conchie et al.，2011）、问卷调查（Cho，2006；李红菊等，2007；严中华等，2008；Dimoka，2010；Liu and Wang，2010；陈艺妮，2010；Lee et al.，2015）、行为实验（Dimoka，2010）以及功能性神经影像（Dimoka，2010）等方法对这一问题展开探讨，但主要集中对个人信任的研究。本书聚焦于组织关系，运用问卷调查法收集数据，结果发现，弱势方信任和不信任的态度之间存在显著的中度相关关系（r=−0.420，p<0.01），且不同权力合法性对两者影响的大小不同。这一发现支持了前人的结论，证实组织间的信任与不信任

也是两个意义相反且相互独立的概念。

　　除此之外，针对前人始终无法证实的高信任和高不信任同时存在的情况（Saunders et al.，2014），本书给出了理论解释并予以证明。本书认为，与行为不同，心理因素之间的影响会相互遮盖；信任和不信任虽为两个相互独立的变量，但当同时考虑信任和不信任时，会产生晕轮效应，即正面与负面线索对信任和不信任的影响是不同的。本书最终的研究数据证实了上述推断，发现当弱势方对强势方权力行使实效合法性和道德合法性的评价都很高时，弱势方才会表现出高信任/低不信任的状态；而当弱势方对强势方权力行使实效合法性和道德合法性的评价有一个较低时，这一负面线索就会遮盖掉其他正面线索，导致弱势方低信任/高不信任的结果。也就是说，信任和不信任之间之间存在有这样的非对称性关系，即相对于建立信任而言，不信任的产生更为容易，这一结论与 Kramer（1999）的推断是一致的。

　　综上所述，本书证实了组织关系中的信任和不信任仍是相互独立的概念，为"信任和不信任是两个概念"的这一论断增添了新的不同视角的证据。另外，本书进一步使用实证方法证实了信任与不信任之间的非对称性关系，这对 Lewicki 等（1998）所提出的假定与 Saunders 等（2014）研究结论之间的矛盾提供了一个有效解释。

第二节　创新之处

　　本书的创新之处主要体现在以下几点：

　　第一，综合制度学派和社会心理学派对合法性问题的研究，从弱势方的合作导向视角对渠道权力问题进行新的解读，揭示了权力合法性在渠道治理中的重要作用。

　　渠道权力是渠道研究的核心问题，在这一领域，现有的研究多是从强势方的角度来探讨如何获取权力或如何制定权力的应用策略，而较少有研究关注到弱势方在渠道权力行使中所扮演的角色。但 Suchman（1995）认为，"合法性是研究合作问题的关键"，弱势方对渠道权力行使合法性的感知，也是影响渠道的稳定状态与绩效水平的重要因素。因此，本书引入权力合法性这一概念，尝试从弱势方视角对基于权力合法性的渠道治理机制进行探讨。

现有的弱势方治理机制的研究多秉承竞争导向，即将弱势方摆在强势方的对立面上，关注如何去抵御或反抗强势方的权力控制。这样以对方为敌的假定容易造成渠道冲突乃至渠道绩效水平的降低。因此，本书选择以弱势方合作导向为研究视角，关注权力合法性如何增强弱势方对强势方及其行为的理解和信心（心态），提高弱势方的合作意向（行为）（Suchman，1995），并最终提升渠道绩效水平这一过程，即基于权力合法性的弱势方内生治理机制。

在合法性问题的研究上，制度学派和社会心理学派同宗同源，但长期以来两个学派的研究各行其道，鲜有交叉。2002年，Grewal和Dharwadkar立足于制度学派的研究成果将合法性概念引入渠道关系研究中。在此基础上，Ren等（2010）以及李新建等（2012）等采用实证研究方法推进了合法性问题在渠道研究中的发展。但与上述研究不同，本书基于Tost（2011）的观点，综合考虑制度学派和社会心理学派对合法性问题的研究观点，并借用Blois（2010）对权力合法性的定义，从观察者（弱势方）而非合法性构建主体（强势方）的角度提出权力合法性研究框架，认为在非对称权力结构的渠道关系中，弱势方对强势方权力行使的合法性感知会影响弱势方的行为及心态乃至整个渠道绩效。因此可以说，本书站在制度学派和社会心理学派研究先驱的肩膀上，为渠道关系中的合法性研究开辟了新的视角和研究切入点，丰富了对合法性的实证研究。

第二，提出并证实了不同权力合法性对弱势方服从和机会主义行为的不对称影响，从而为"服从和机会主义行为是两个独立概念"这一论断提供了实证证据，并诠释了基于弱势方合作行为中介效应的弱势方内生治理机制。

之前已有学者将服从和机会主义行为看成是两个相互独立的变量来研究（Gilliand and Manning，2002；Kashyap et al.，2012），但这些学者只是简单地将两者并列为结果变量，并未证明两者的相互独立性。本书基于弱势方视角，证明了不同权力合法性在影响弱势方的服从和机会主义行为时，其效应大小存在显著差异，这将为这两个概念分开讨论而不是将它们看成同一线段正负两端的做法提供了实证证据。进一步地，本书验证了阳奉阴违者（即高服从和高机会主义行为）的存在及其对渠道绩效的影响，最终诠释了基于弱势方合作行为中介效应的弱势方内生治理机制。

第三，对"信任与不信任是两个独立概念但高信任和高不信任却无法共存"这一现象进行解释并证明，丰富了现有的有关信任和不信任的研究。

已有研究证实，信任和不信任是两个相互独立的变量，且能力、善意和正直评价对信任和不信任产生的影响的大小不同（Sitkin and Roth，1993；Komiak and Benbasat，2008；Conchie et al.，2011；Lee et al.，2015）。在此基础上，本书另外证实了不同权力合法性对信任和不信任的不对称影响，为上述假定另添一个新证据。除此之外，针对 Lewicki 等（1998）所提出的及之前的实证研究均无法证实的"信任和不信任可以共存"的观点，本书基于晕轮效应提出以下解释并证明：与行为不同，信任与不信任作为心理因素在同一时间同一个体身上展现时，有可能会产生晕轮效应，即某些因素会改变其他因素对个体原本独立的影响作用（Nisbett and Wilson，1977）。具体到信任和不信任的讨论上来，则体现为相对于建立信任而言，不信任的产生更为容易（Kramer，1999）；而相反，相对于消除不信任来说，毁掉信任更为容易。由此，本书大胆提出假定，只有在弱势方对强势方权力行使的实效合法性和道德合法性均为正面评价时，弱势方才会出现高信任和低不信任的状态；但在弱势方评价强势方权力行使实效合法性和道德合法性的过程中，只要有一方出现负面评价，这一负面线索就会遮盖掉其他正面线索，即产生晕轮效应，最终出现低信任和高不信任的状态。实证结果证实了上述推断，说明信任和不信任虽是两个相互独立的变量，但基于上述原因，高信任和高不信任是不能共存的。

第三节 管理启示

本书使用问卷调查方法，实证分析了不同权力合法性对弱势方行为及心态乃至渠道绩效水平的影响，即基于权力合法性的弱势方内生治理机制问题，研究结论可为处于非对称权力结构中的渠道企业提供有益的指导，帮助其在理解弱势方心态及行为的基础上更好地推进彼此之间的信息交流、知识分享、能力互补和专用资产的投入，以更好地推进渠道关系的建设，提升渠道总体绩效水平。本书研究的管理启示具体体现为以下几点：

第一，有利于强势方清醒地认识到弱势方合作在渠道关系中的作用与价值，增强对弱势方对其权力行使的合法性感知（权力合法性）的重视程度。

权力是客观的，是强势方基于资源优势或权力基础而拥有的；但弱势方对权力行使是否具有合法性的判断却是主观的（Suchman，1995），本书证明，弱势方会基于这一主观的权力合法性感知来自我调整心态和自我约束行为，最终影响渠道绩效水平。本书将这一过程称为基于弱势方的内生治理机制。学者们普遍认为，与依靠外部力量来推动治理的外生治理机制相比，注重自我指引与自我约束的内生治理机制的成本更低，且更有效率（Frazier and Rody，1991；Poppo and Zenger，2002；Hill，1990；Uzzi，1997）。因此，本书的结论为非对称权力结构渠道关系中的强势方提出警示：即使拥有绝对的权力优势，强势方也不能为所欲为，反而应充分重视和考虑弱势方对权力合法性感知，选择适当的权力运用策略以提高弱势方对权力合法性实效合法性与道德合法性的评价，以激发上述弱势方内生治理机制的运转，实现权力控制的最终目的。

第二，有利于更深入地理解弱势方的复杂行为，了解其不同行为模式背后的原因。

无论是组织还是个人，其行为都不会是孤立且单线的。因此，本书选择服从和机会主义行为这一对相互独立且意义相反的变量，去探究弱势方的复杂行为及其背后的原因。本书发现，服从和机会主义行为之间并非不可兼容，弱势方可能会一边公开地表示出高度的服从意愿，但另一边却在背地里玩弄伎俩，从事机会主义行为。这种"阳奉阴违"的状态也正说明了组织行为的复杂性，应引起渠道企业的高度重视。另外，不同权力合法性感知对于服从和机会主义行为的影响程度是不同的。要提高弱势方的服从水平，需要提高弱势方对强势方权力行使实效合法性的感知；而要降低弱势方的机会主义行为水平，则需要提高弱势方基于被强势方对待的方式对强势方权力行使道德合法性的感知。考虑到上述发现，在非对称权力结构的渠道关系中，渠道领导者（强势方）需要时刻监控和了解弱势方的权力合法性感知，以实现对弱势方行为的控制，提升渠道效率。

第三，有助于构建渠道之间相互信任的关系，降低双方的怀疑水平，最终促进渠道效率的提高。

信任是组织间关系的黏合剂，它能有效地降低关系交往中的交易成本，进而促进渠道绩效的提高；相反，不信任在组织间关系中表现为不必要的怀疑和猜忌，增加冲突发生的可能性，最终妨碍渠道稳定和发展。那么，如何才能提高渠道信任水平，降低不信任水平呢？本书发现：基于自利标准的实效合法性感知能更有效地促进信任的产生；而基于被强势方对待的方式是否是"正确的"的道德合法性感知能更有效地抑制不信任，这一发现为渠道和谐关系的构建提供了理论指引；相对于信任心态，弱势方更容易产生不信任心态。高信任和低不信任只有在权力行使的实效合法性和道德合法性双高的时候才会出现；而只要权力行使的实效合法性和道德合法性有一个水平偏低，就会出现低信任和高不信任的状况。这一发现提醒渠道企业，在关注信任关系的同时，更要提防不信任对渠道关系的破坏，由于后者比前者更易形成，因此更应该特别重视。

第四节 研究局限与展望

虽然笔者投入了大量时间和精力，但本书的研究仍然不可避免地存在着一些不足。另外，为扩展和深化该研究领域，笔者希望在未来能有更多的学者投身到此，因此提出若干可能的研究方向以供参考。

首先，调查总体的选取问题。基于对抽样和统计的考虑，本书的调查总体仅限于在非对称权力结构的渠道关系中处于弱势地位的经销商。但在实践中，非对称权力结构渠道关系中的弱势方并非只限于经销商，在某些行业或某些具体的关系中，弱势方也可能是供应商。因此，未来的研究可将调查总体设定为非对称权力结构渠道关系中处于弱势地位的供应商，以检查本书的研究结论的可推广性和适用性。

其次，强势方权力策略与弱势方权力合法性感知之间的关系问题。本书以权力合法性为前置变量，将研究重点放在基于权力合法性的弱势方内生治理机制之上。但在权力合法性感知形成之前，强势方的权力策略是如何影响弱势方对权力合法性的感知的，强势方又该采取怎样的权力策略引发弱势方对强势方权力行使实效合法性和道德合法性的感知？这一问题看似简单但事实并非如此，出于认知可能存在的偏差，即使强势方使用的是强制性权力，也有可能引发弱势方对强势方的权力行使产生较高的实效合法性甚至道德合法性感知。那么，这时弱势方对强势方权力行使合法性的感知会受到哪些因素干扰，值得未来深入探讨。

最后，弱势方行为与心态之间的关系问题。本书同时检查了服从/机会主义行为（行为）以及信任/不信任（心态）在基于权力合法性的弱势方内生治理机制中的中介效应，在逻辑上是将弱势方行为与心态并列考虑的。但信任与不信任对弱势方的服从和机会主义行为也可能存在着某些影响，这一问题也需要在未来的研究中进一步考察。

参考文献

［1］ Achrol S, Gundlach G T. Legal and social safeguards against opportunism in exchange ［J］. Journal of Retailing, 1999, 75 (1): 107-124.

［2］ Aldrich H E, Fiol C M. Fools rush in? The institutional context of industry creation ［J］. Academy of Management Review, 1994, 19 (4): 645-670.

［3］ Andaleeb S S. Dependence relations and the moderating role of trust: Implications for behavioral intentions in marketing channels ［J］. International Journal of Research in Marketing, 1995, 12 (2): 157-172.

［4］ Anderson E, Lodish L M, Weitz B A. Resource allocation behavior in conventional channels ［J］. Journal of Marketing Research, 1987, 24 (1): 85-97.

［5］ Anderson E, Weitz B A. Determinants of continuity in conventional industrial channel dyads ［J］. Marketing Science, 1989, 8 (4): 310-323.

［6］ Anderson E, Weitz B A. The use of pledges to build and sustain commitment in distribution channels ［J］. Journal of Marketing Research, 1992, 29 (1): 18-34.

［7］ Anderson J C, Narus J A. A model of distributor firm and manufacturer firm ［J］. Journal of Marketing, 1990, 54 (January): 42-58.

［8］ Antia K D, Bergen M E, Dutta S, Fisher R J. How does enforcement deter gray market incidence? ［J］. Journal of Marketing, 2006, 70 (1): 92-106.

［9］ Antia K D, Frazier G L. The severity of contract enforcement in interfirm channel relationships ［J］. Journal of Marketing, 2001, 65 (4): 67-81.

［10］ Bachmann R. Trust, power and control in trans－organizational relations ［J］. Organization Studies, 2001, 22 (2): 337-365.

[11] Bandura A. Human agency in social cognitive theory [J]. American Psychologist, 1989, 44 (9): 1175-1184.

[12] Barber B. The Logic and Limit of Trust [M]. Brunswick, NJ: New Rutgers University Press, 1983.

[13] Barney J B, Hansen M H. Trustworthiness as a source of competitive advantage [J]. Strategic Management Journal, 1994 (15): 175-190.

[14] Baron R M, Kenny D A. The moderator mediator variable distinction in social psychological research [J]. Journal of Personality and Social Psychology, 1986, 51 (6): 1173-1182.

[15] Basu A, Lal R, Srinivasan V, Staelin R. Salesforce compensation plans: An agency theoretic perspective [J]. Marketing Science, 1985, 4 (4): 267-291.

[16] Bello D C, Gilliland D I. The effect of output controls, process controls, and flexibility on export channel performance [J]. Journal of Marketing, 1997, 61 (1): 22-38.

[17] Bergen M, Dutta S, Walker O C. Agency relationships in marketing: A review of the implications and applications of agency and related theories [J]. Journal of Marketing, 1992, 56 (3): 1-24.

[18] Bhattacharya S. How perception of status differences affects our decision making [D]. Piscataway: Rutgers, The State University of New Jersey, 2012.

[19] Blau P. Exchange and Power in Social Life [M]. New York: Routledge, 1964.

[20] Blois K. The legitimacy of power in business – to – business relationships [J]. Marketing Theory, 2010, 10 (2): 161-172.

[21] Blonska A, Storey C, Rozemeijer F, Wetzels M, Ruyter K. Decomposing the effect of supplier development on relationship benefits: The role of relational capital [J]. Industrial Marketing Management, 2013, 42 (8): 1295-1306.

[22] Boyle B A, Dwyer F R. Power, bureaucracy, influence, and performance: Their relationships in industrial distribution channels [J]. Journal of Business Research, 1995, 32 (3): 189-200.

[23] Brehm J W. A Theory of Psychological Reactance [M]. New York: Aca-

demic Press, 1966.

[24] Brenner B, Ambos B. A question of legitimacy? A dynamic perspective on multinational firm control [J]. Organization Science, 2013, 24 (3): 773-795.

[25] Brill J E. Beyond managerial opportunism: Supplier power and managerial compliance in a franchised marketing channel [J]. Journal of Business Research, 1994, 30 (3): 211-223.

[26] Brown J R, Dev C S, Lee D J. Managing marketing channel opportunism: The efficacy of alternative governance mechanisms [J]. Journal of Marketing, 2000, 64 (2): 51-65.

[27] Brown J R, Lusch R F, Muehling D D. Conflict and power-dependence relations in retailer - supplier channels [J]. Journal of Retailing, 1983, 59 (4): 53-80.

[28] Bucklin L P. A theory of channel control [J]. Journal of Marketing, 1973, 37 (1): 39-47.

[29] Burt R, Knez M. Kinds of third-party effects on trust [J]. Rationality and Society, 1995, 7 (3): 255-292.

[30] Cadotte E R, Stern L W. A process model of interorganizational relations in marketing channels [J]. Research in Marketing, 1979 (2): 127-158.

[31] Casciaro T, Piskorski M J. Power imbalance, mutual dependence, and constraint absorption: A closer look at resource dependence theory [J]. Administrative Science Quarterly, 2005, 50 (2): 167-199.

[32] Chandler A D. The Visible Hand: The Managerial Revolution in American Business [M]. Cambridge: Harvard University Press, 1977.

[33] Cho J. The mechanism of trust and distrust formation and their relational outcomes [J]. Journal of Retailing, 2006, 82 (1): 25-35.

[34] Churchill Jr G A. A paradigm for developeing better measures of maketing constructs [J]. Journal of Marketing Research, 1979, 16 (1): 64-73.

[35] Claro D P, Hagelaar G, Omta O. The determinants of relational governance and performance: How to manage business relationships? [J]. Industrial Marketing Management, 2003, 32 (8): 703-716.

［36］Clugston M，Howell J P，Dorfman P W. Does cultural socialization predict multiple base and foci of commitment? ［J］. Journal of Management，2010，26（1）：5-30.

［37］Cohen J，Cohen P，West S G，Aiken L S. Applied multiple regression/correlation analysis for the behavioral sciences ［M］. 3rd ed. Mahwah：Lawrence Erlbaum Associates Publishers，2003.

［38］Conchie S M，Taylor P J，Charlton A. Trust and distrust in safety leadership：Mirror reflections? ［J］. Safety Science，2011，49（8-9）：1208-1214.

［39］Crosno J L，Dahlstrom R. A meta-analytic review of opportunism in exchange relationships ［J］. Journal of the Academic Marketing Science，2008（36）：191-201.

［40］Dahl R A. The concept of power ［J］. Behavioral Science，1957，2（3）：201-215.

［41］Dapiran G P，Hogarth-Scott S. Are cooperation and trust being confused with power? An analysis of food retailing in Australia and the UK ［J］. International Journal of Retail and Distribution Management，2003，31（5）：256-267.

［42］Das T K，Teng B S. Between trust and control：Developing confidence in partner cooperation in alliances ［J］. Academy of Management Review，1998，23（3）：491-512.

［43］Davies M A P，Lassar W，Manolis C，Prince M，Winsor R D. A model of trust and compliance in franchise relationships ［J］. Journal of Business Venturing，2011（26）：321-340.

［44］Deligonul S，Elg U，Cavusgil E，Ghauri P N. Developing strategic supplier networks：An institutional perspective ［J］. Journal of Business Research，2013，66（4）：506-515.

［45］Deutsch M. The Resolution of Conflict：Constructive and Destructive Processes ［M］. New Haven：Yale University Press，1973.

［46］Dickey M H. The effect of electronic communication among franchisees on franchisee compliance ［J］. Journal of Marketing Channels，2003，10（3-4）：112-132.

［47］ Diez-Martin F, Prado-Roman C, Blanco-González A. Beyond legitimacy: Legitimacy types and organizational success ［J］. Management Decision, 2013, 51 (10): 1954-1969.

［48］ DiMaggio P. Interest and agency in institutional theory ［A］// Zucker L G (Ed). Institutional Patterns and Organizations: Culture and Environment ［C］. Massachusetts: Ballinger Publishing Company, 1988.

［49］ Dimoka A. What does the brain tell us about trust and distrust? Evidence from a functional neuroimaging study ［J］. MIS Quarterly, 2010, 34 (2): 373-396.

［50］ Doney P M, Cannon J P. An examination of the nature of trust in buyer-seller relationships ［J］. Journal of Marketing, 1997, 61 (April): 35-51.

［51］ Dowling J, Pfeffer J. Organizational legitimacy: Social values and organizational behavior ［J］. Pacific Sociological Review, 1975, 18 (1): 122-136.

［52］ Dwyer F R, Oh S. Output sector munificence effects on the internal political economy of marketing channels ［J］. Journal of Marketing Research, 1987, 24 (4): 347-358.

［53］ Dwyer F R, Schurr P H, Oh S. Developing buyer-seller relationships ［J］. Journal of Marketing, 1987, 51 (2): 11-27.

［54］ Dwyer F R, Walker Jr. O C. Bargaining in an asymmetrical power structure ［J］. Journal of Marketing, 1981, 45 (1): 104-115.

［55］ Dyer J H, Singh H. The relational view: Cooperative strategy and sources of interorganizational competitive advantage ［J］. Academy of Management Review, 1998, 23 (4): 660-679.

［56］ El-Ansary A I, Stern L W. Power measurement in the distribution channel ［J］. Journal of Marketing Research, 1972, 9 (1): 47-52.

［57］ Emerson R M. Power-dependence relations ［J］. American Sociological Review, 1962, 27 (1): 31-41.

［58］ Emerson R M. Social exchange theory ［J］. Annual Review of Sociology, 1976 (2): 335-362.

［59］ Etgar M. Channel domination and countervailing power in distributive channels ［J］. Journal of Marketing Research, 1976a, 13 (3): 254-262.

[60] Etgar M. Effects of administrative control on efficiency of vertical marketing systems [J]. Journal of Marketing Research, 1976b, 13 (1): 12-24.

[61] Etgar M. Intrachannel conflict and use of power [J]. Journal of Marketing Research, 1978a, 15 (2): 273-274.

[62] Etgar M. Selection of an effective channel control mix [J]. Journal of Marketing, 1978b, 42 (3): 53-58.

[63] Etzioni A. Organizational Control Structure [A] // March J G (Ed). Handbook of Organizations [C]. Chicago: Rand McNally, 1965: 65-77.

[64] Fang E, Palmatier R W, Scheer L K, Li N. Trust at different organizational levels [J]. Journal of Marketing, 2008 (72): 80-98.

[65] Feldman L J. Industry viewpoint: Relational interdependency and punctuated equilibrium [J]. Journal of Business and Industrial Marketing, 1998, 13 (3): 288-293.

[66] Fornell C, Larcker D F. Evaluating structural equation models with unobservable variables and measurement error [J]. Journal of Marketing Research, 1981, 18 (1): 39-50.

[67] Frazier G L, Gill J D, Kale S H. Dealer dependence levels and reciprocal actions in a channel of distribution in a developing country [J]. Journal of Marketing, 1989, 53 (1): 50-69.

[68] Frazier G L, Rody R C. The use of influence strategies in interfirm relationships in industrial product channels [J]. Journal of Marketing, 1991, 55 (1): 52-69.

[69] Frazier G L, Summers J O. Perceptions of interfirm power and its use within a franchise channel of distribution [J]. Journal of Marketing Research, 1986, 23 (2): 169-176.

[70] French J R P, Raven B. The bases of social power [A] // Cartwright D (Ed.). Studies in Social Power [C]. Ann Arbor: Institute for Social Itcsearch, 1959.

[71] Gambetta D. Can we trust trust? [A] // Gambetta D (Ed.). Trust: Making and Breaking Cooperative Relationships [C]. Cambridge: Blackwell, 1988.

[72] Ganesan S. Determinants of long-term orientation in buyer-seller relationships [J]. Journal of Marketing , 1994, 58 (2): 1-19.

[73] Gaski J F. The theory of power and conflict in channels of distribution [J]. Journal of Marketing, 1984, 48 (3): 9-29.

[74] Geyskens I, Steenkamp J-B E M, Kumar N. A meta-analysis of satisfaction in marketing channel relationships [J]. Journal of Marketing Research, 1999, 36 (2): 223-238.

[75] Geyskens I, Steenkmp J-B E M. Economic and social satisfaction: Measurement and relevance to marketing channel relationships [J]. Journal of Retailing, 2000, 76 (1): 11-32.

[76] Gilliand D I, Manning K C. When do firms conform to regulatory control? The effect of control processes on compliance and opportunism [J]. Journal of Public Policy and Marketing, 2002, 21 (2): 319-331.

[77] Gilliland D I, Bello D C, Gundlach G T. Control-based channel governance and relative dependence [J]. Journal of the Academic Marketing Science, 2010, 38 (4): 441-445.

[78] Gouldner A. Reciprocity and autonomy in functional theory [A] // Gross L (Ed.) . Symposium on Sociological Theory [C]. New York: Harper and Row, 1959.

[79] Granovetter M. Economic action and social structure: The problem of embeddedness [J]. American Journal of Sociology, 1985, 91 (3): 481-510.

[80] Granovetter M. Problems of explanation in economic sociology [A] // Nohria N, Eccles R G (Eds.) . Networks and Organizations: Structure, Form, and Action [C]. Boston: Harvard Business School Press, 1992.

[81] Green S G, Welsh M A. Cybernetics and dependence: Reframing the control concept [J]. Academy of Management Review, 1988, 13 (2): 287-301.

[82] Grewal R, Dharwadkar R. The role of the institutional environment in marketing channels [J]. Journal of Marketing, 2002, 66 (3): 82-97.

[83] Gulati R, Sytch M. Dependence asymmetry and joint dependence in interorganizational relationships: Effects of embeddedness on a manufacturer's performance in procurement relationships [J] . Administrative Science Quarterly, 2007, 52 (1):

32-69.

　　[84] Gulati R. Does familiarity breed trust? The implications of repeated ties for contractual choice in alliances [J]. Academy of Management Journal, 1995, 38 (1): 85-112.

　　[85] Gundlach G T, Achrol R S, Mentzer J T. The structure of commitment in exchange [J]. Journal of Marketing, 1995, 59 (1): 78-92.

　　[86] Gundlach G T, Murphy P E. Ethical and legal foundations of relational marketing exchange [J]. Journal of Marketing, 1993, 57 (4): 35-46.

　　[87] Hair J F, Anderson R E, Tatham R I, Black W C. Multivariate data analysis with reading [M]. 3rd ed. New York: Macmillan Publishing Company, 1992.

　　[88] Hair J F, Anderson R E, Tatham R L and Black W C. Multivariate Data Analysis 5th [M]. New York: Prentice Hall International, 1998.

　　[89] Heide J B, John G. Do norms matter in marketing relationships [J]. Journal of Marketing, 1992, 56 (2): 32-44.

　　[90] Heide J B, John G. The role of dependence balancing in safeguarding transaction specific assets in conventional channels [J]. Journal of Marketing, 1988, 52 (1): 20-35.

　　[91] Heide J B, Wathne K, Rokkan A I. Interfirm monitoring, social contracts, and relationship outcomes [J]. Journal of Marketing Research, 2007, 44 (3): 425-433.

　　[92] Heide J B. Interorganizational governance in marketing channels [J]. Journal of Marketing, 1994, 58 (1): 71-85.

　　[93] Heide J B. Plural governance in industrial purchasing [J]. Journal of Marketing, 2003, 67 (4): 18-29.

　　[94] Hewett K, Bearden W O. Dependence, trust, and relational behavior on the part of foreign subsidiary marketing operations: Implications for managing global marketing operations [J]. Journal of Marketing, 2001, 65 (4): 51-66.

　　[95] Hill C. Cooperation, opportunism, and the invisible hand: Implications for transaction cost theory [J]. Academy of Management Review, 1990, 15 (3): 500-513.

［96］ Hill J A, Eckerd S, Wilson D, Greer B. The effect of unethical behavior on trust in a buyer-supplier relationship: The mediating role of psychological contract violation ［J］. Journal of Operations Management, 2009, 27 (4): 281-293.

［97］ Hingley M K. Power to all our friends? Living with imbalance in supplier-retailer relationships ［J］. Industrial Marketing Management, 2005, 34 (8): 848-858.

［98］ Hodgson G M. Opportunism is not the only reason why firms exist: Why an explanatory emphasis an opportunism may mislead management strategy ［J］. Industrial and Corporate Change, 2004, 13 (2): 401-418.

［99］ Hoetker G, Mellewigt T. Choice and performance of governance mechanisms: Matching alliance governance to asset type ［J］. Strategic Management Journal, 2009, 30 (10): 1025-1044.

［100］ Hoffman E, Spitzer M. Entitlements, rights, and fairness: An experimental examination of subjects' concepts of distributive justice ［J］. The Journal of Legal Studies, 1985, 14 (2): 259-297.

［101］ Hsiao R L. Technology fears: Distrust and cultural persistence in electronic marketplace adoption ［J］. Journal of Strategic Information Systems, 2003, 12 (3): 169-199.

［102］ Hunt K A, Mentzer J T, Danes J E. The effect of power sources on compliance in a channel of distribution: A causal model ［J］. Journal of Business Research, 1987, 15 (5): 377-395.

［103］ Hunt S D, Nevin J R. Power in a channel of distribution: Sources and consequences ［J］. Journal of Marketing Research, 1974, 11 (2): 186-193.

［104］ Iyer G, Villas-Boas J M. A bargaining theory of distribution channels ［J］. Journal of Marketing Research, 2003, 40 (1): 80-100.

［105］ Jap S D, Anderson E. Safeguarding interorganizational performance and continuity under ex post opportunism ［J］. Management Science, 2003, 49 (12): 1684-1701.

［106］ Jia F F, Wang J J. Marketing channel relationships in China: A review and integration with an institution-based perspective ［J］. Journal of Business Research, 2013, 66 (12): 2545-2551.

[107] John G. An empirical investigation of some antecedents of opportunism in a marketing channel [J]. Journal of Marketing Research, 1984, 21 (3): 278-289.

[108] Johnsen R E, Ford D. Developing the concept of asymmetrical and symmetrical relationships: Linking relationship characteristics and firm's capabilities [C]. Proceeding of The 18th Annual IMP Conference, Graduate School of Business and Management, Dijon France, 2002.

[109] Johnson C, Dowd T J, Ridgeway C L. Legitimacy as a social process [J]. Annual Review of Sociology, 2006 (32): 53-78.

[110] Johnston D A, McCutcheon D M, Stuart F I, Kerwood H. Effects of supplier trust on performance of cooperative supplier relationships [J]. Journal of Operations Management, 2004, 22 (1): 23-38.

[111] Jones C, Hesterly W S, Borgatti S P. A general theory of network governance: Exchange conditions and social mechanisms [J]. Academy of Management Review, 1997, 22 (4): 911-945.

[112] Joshi A W, Arnold S J. How relational norms affect compliance in industrial buying [J]. Journal of Business Research, 1998, 41 (2): 105-114.

[113] Joshi A W, Arnold S J. The impact of buyer dependence on buyer opportunism in buyer − supplier relationships: The moderating role of relational norms [J]. Psychology and Marketing, 1997, 14 (8): 823-845.

[114] Joshi A W, Stump R L. Determinants of commitment and opportunism: Integrating and extending insights from transaction cost analysis and relational exchange theory [J]. Canadian Journal of Administrative Sciences, 1999, 16 (4): 334-352.

[115] Kabanoff B. Equity, equality, power, and conflict [J]. Academy of Management Review, 1991, 16 (2): 416-441.

[116] Kale S H. Dealer perceptions of manufacturer power and influence strategies in a developing country [J]. Journal of Marketing Research, 1986, 23 (4): 387-393.

[117] Kashyap V, Antia K D, Frazier G L. Contracts, extracontractual incentives, and ex post behavior in franchise channel relationships [J]. Journal of Marketing Research, 2012, 49 (2): 260-276.

[118] Kasulis J J, Spekman R E. A framework of the use of power [J]. European Journal of Marketing, 1980, 14 (4): 180-191.

[119] Kaynak R, Sert T, Sert G, Akyuz B. Supply chain unethical behaviors and continuity of relationship: Using the PLS approach for testing moderation effects of inter-organizational justice [J]. International Journal of Production Economics, 2015 (162): 83-91.

[120] Kibler E, Kautonen T. The moral legitimacy entrepreneurs: An analysis of early-stage entrepreneurship across 26 countries [J]. International Small Business Journal, 2016, 34 (1): 34-50.

[121] Kingshott R P J. The impact of psychological contracts upon trust and commitment within supplier-buyer relationships: A social exchange view [J]. Industrial Marketing Management, 2006, 35 (6): 724-739.

[122] Komiak S Y X, Benbasat I. A two-process view of trust and distrust building in recommendation agents: A process-tracing study [J]. Journal of the Association for Information Systems, 2008, 9 (12): 727-747.

[123] Kramer R M, Tyler T R. Trust in Organizations: Frontiers to Theory and Research [M]. Thousand Oaks: Sage Publications, Inc., 1996.

[124] Kramer R M. Trust and distrust in organizations: Emerging perspectives, enduring questions [J]. Annual Review of Psychology, 1999 (50): 569-598.

[125] Kumar N, Scheer L K, Steenkamp J-B E M. Interdependence, punitive capability, and the reciprocation of punitive actions in channel relationships [J]. Journal of Marketing Research, 1998, 35 (2): 225-235.

[126] Kumar N, Scheer L K, Steenkamp J-B E M. The effects of perceived interdependence on dealer attitudes [J]. Journal of Marketing Research, 1995a, 32 (3): 348-356.

[127] Kumar N, Scheer L K, Steenkamp J-B E M. The effects of supplier fairness on vulnerable resellers [J]. Journal of Marketing Research, 1995b, 32 (1): 54-65.

[128] Kumar N, Stern L W, Achrol R S. Assessing reseller performance from the perspective of the supplier [J]. Journal of Marketing Research, 1992, 29 (2):

238-253.

[129] Kumar N. The power of power in supplier-retailer relationships [J]. Industrial Marketing Management, 2005, 34 (8): 863-886.

[130] Kumar R, Das T K. Interpartner legitimacy in the alliance development process [J]. Journal of Management Studies, 2007, 44 (8): 1425-1453.

[131] Lee J, Lee J N, Tan B C Y. Antecedents of cognitive trust and affective distrust and their mediating roles in building customer loyalty [J]. Information Systems Frontiers, 2015, 17 (1): 159-175.

[132] Levinson H. Reciprocation: The relationship between man and organization [J]. Administrative Science Quarterly, 1965, 9 (4): 370-390.

[133] Lewicki R J, Bunker B B. Developing and maintaining trust in work relationships [A] // Kramer R M, Tyler T R (Eds.). Trust in Organizations: Frontiers to Theory and Research [C]. Thousand Oaks: Sage Publications, Inc., 1996.

[134] Lewicki R J, McAllister D J, Bies R J. Trust and distrust: New relationships and realities [J]. Academy of Management Review, 1998, 23 (3): 438-458.

[135] Liu M, Wang C. Explaining the influence of anger and compassion on negotiators' interaction goals: An assessment of trust and distrust as two distinct mediators [J]. Communication Research, 2010, 37 (4): 443-472.

[136] Lonsdale C. Lock-in to supplier dominance on the dangers of asset specificity for the outsourcing decision [J]. Journal of Supply Chain Management, 2001, 37 (1): 22-27.

[137] Luhmann N. Trust and Power [M]. Chichester: John Wiley, 1979.

[138] Luo Y D. Opportunism in inter – firm exchanges in emerging markets [J]. Management and Organization Review, 2006, 2 (1): 121-147.

[139] Lusch R F, Brown J R. A modified model of power in the marketing channel [J]. Journal of Marketing Research, 1982, 19 (3): 312-323.

[140] Lusch R F, Brown J R. Interdependency, contracting, and relational behavior in marketing channels [J]. Journal of Marketing, 1996, 60 (4): 19-38.

[141] Lusch R. Sources of power: Their impact on intrachannel conflict [J]. Journal of Marketing Research, 1976, 13 (4): 382-390.

[142] Macauley S. Non‐contractual relations in business: A preliminary study [J]. American Sociological Review, 1963, 28 (1): 55-67.

[143] MacLean T L, Behnam M. The dangers of decoupling: The relationship between compliance programs, legitimacy perceptions, and institutionalized misconduct [J]. Academy of Management Journal, 2010, 53 (6): 1499-1520.

[144] Macneil I R. The New Social Contract [M]. New Haven: Yale University Press, 1980.

[145] Maitland I, Bryson J, Van de Ven A. Sociologists, economists, and opportunism [J]. Academy of Management Review, 1985, 10 (1): 59-65.

[146] Major B, Schmader T. Legitimacy and the construal of social disadvantage [A] // Jost J T and Major B E (Eds.). The psychology of legitimacy: Emerging perspectives on ideology, justice, and intergroup relations [C]. Cambridge: Cambridge University Press, 2001: 176-204.

[147] Makadok R, Coff R. Both market and hierarchy: An incentive‐system theory of hybrid governance forms [J]. Academy of Management Review, 2009, 34 (2): 297-319.

[148] Marion G. Marketing ideology and criticism: Legitimacy and legitimization [J]. Marketing Theory, 2006, 6 (2): 245-262.

[149] Marsh S, Dibben M R. Trust, untrust, distrust and mistrust—An exploration of the dark (er) side [C] // Herrmann P, Issarny V, Shiu S (Eds.). iTrust: Trust Management: Third International Conference, 2005.

[150] Mayer R C, Davis J H, Schoorman F D. An integrative model of organizational trust [J]. Academy of Management Review, 1995, 20 (3): 709-734.

[151] McAllister D J. Affect‐ and cognition‐based trust as foundations for interpersonal cooperation in organizations [J]. Academy of Management Journal, 1995, 38 (1): 24-59.

[152] McKnight D H, Chervany N L. Trust and distrust definitions: One bite at a time [A] // Falcone R, Singh M, Tan Y H (Eds.). Trust in Cyber‐Societies [C]. Volume 2246 of the series Lecture Notes in Computer Science, 2001.

[153] Meyer J W, Scott W R. Organizational environments: Ritual and rationali-

ty [R]. Beverly Hills: Sage Publications, 1983.

[154] Mohr J J, Fisher R J, Nevin J R. Collaborative communication in interfirm relationships: Moderating effects of integration and control [J]. Journal of Marketing, 1996, 60 (3): 103-115.

[155] Molm L D, Quist T M, Wiseley P A. Reciprocal justice and strategies of exchange [J]. Social Forces, 1993, 72 (1): 19-44.

[156] Molm L D. Punishment power: A balancing process in power? Dependence relations [J]. American Journal of Sociology, 1989, 94 (6): 1392-1418.

[157] Moorman C, Deshpandé R, Zaltman G. Factors affecting trust in market research relationships [J]. Journal of Marketing, 1993, 57 (1): 81-101.

[158] Morgan R M, Hunt S D. The commitment-trust theory of relationship marketing [J]. Journal of Marketing, 1994, 58 (3): 20-38.

[159] Morrison E W, Robinson S L. When employees feels betrayed: A model of how psychological contract violation develops [J]. Academy of Management Review, 1997, 22 (1): 226-256.

[160] Mulder M. The Daily Power Game [M]. Leiden: Martinus Nijhoff Social Science Division, 1977.

[161] Muris T J. Opportunistic behavior and the law of contracts [J]. Minnesota Law Review, 1981, 65 (4): 521-590.

[162] Narayandas D, Rangan V K. Building and sustaining buyer-seller relationships in mature industrial markets [J]. Journal of Marketing, 2004, 68 (3):63-77.

[163] Ness H, Haugland S A. The evolution of governance mechanisms and negotiation strategies in fixed-duration interfirm relationships [J]. Journal of Business Research, 2005, 58 (9): 1226-1239.

[164] Nisbett R E, Wilson T D. The halo effect: Evidence for unconscious alteration of judgements [J]. Journal of Personality and Social Psychology, 1977, 35 (4): 250-256.

[165] Nooteboom B. Trust, opportunism and governance: A process and control model [J]. Organization Studies, 1996, 17 (6): 985-1010.

[166] Ouchi W G. A conceptual framework for the design of organizational control

mechanism [J]. Management Science, 1979, 25 (9): 833-848.

[167] Palmatier R W, Dant R P, Grewal D. A comparative longitudinal analysis of theoretical perspectives of interorganizational relationship performance [J]. Journal of Marketing, 2007, 71 (4): 172-194.

[168] Parsons T. Sociological Theory and Modern Society [M]. New York: Free Press, 1967.

[169] Pavlou P A, Gefen D. Psychological contract violation in online marketplaces: Antecedents, consequences, and moderating role [J]. Information Systems Research, 2005, 16 (4): 372-399.

[170] Payan J M, McFarland R G. Decomposing influence strategies: Argument structure and dependence as determinants of the effectiveness of influence strategies in gaining channel member compliance [J]. Journal of Marketing, 2005, 69 (3): 66-79.

[171] Payan J M. A review and delineation of cooperation and coordination in market channels [J]. European Business Review, 2007, 19 (3): 216-233.

[172] Pfeffer J, Salancik G R. The External Control of Organizations: A Resource Dependence Perspective [M]. New York: Harper and Row, 1978.

[173] Podsakoff P M, MacKenzie S B, Lee J Y, Podsakoff N P. Common method biases in behavioral research [J]. Journal of Applied Psychology, 2003, 88 (5): 879-903.

[174] Poppo L, Zenger T. Do formal contracts and relational governance function as substitutes or complements [J]. Strategic Management Journal, 2002, 23 (8): 707-725.

[175] Puranam P, Vanneste B S. Trust and governance: Untangling a tangled web [J]. Academy of Management Review, 2009, 34 (1): 11-31.

[176] Ren X Y, Oh S, Noh J. Managing supplier-retailer relationships: From institutional and task environment perspectives [J]. Industrial Marketing Management, 2010, 39 (4): 593-604.

[177] Ridgeway C. Social Status and Group Strucure [A] // Hogg M A, Tindal R S (Eds.). Blackwell Handbok of Social Psychology: Group Processes [C]. Mal-

den: Blackwell Publishing, 2002.

[178] Ring P S, Van de Ven A H. Development processes of cooperative interorganizational relationships [J]. Academy of Management Review, 1994, 19 (1): 90-118.

[179] Ring P S. Fragile and resilient trust and their roles in economic exchange [J]. Business and Society, 1996, 35 (2): 148-175.

[180] Rokkan A I, Heide J B, Wathne K H. Specific investments in marketing relationships: Expropriation and bonding effects [J]. Journal of Marketing Research, 2003, 40 (2): 210-224.

[181] Rotter J B. Generalized expectancies for interpersonal trust [J]. American Psychologist, 1971, 26 (5): 443-452.

[182] Rousseau D M, Sitkin S B, Burt R S, Camerer C. Not so different after all: A cross-discipline view of trust [J]. Academic Management Review, 1998, 23 (3): 393-404.

[183] Rousseau D M, Tijoriwala S A. Assessing psychological contracts: Issues, alternatives and measures [J]. Journal of Organizational Behavior, 1998, 19 (S1): 679-695.

[184] Rousseau D M. Psychological Contracts in Organizations: Understanding Written and Unwritten Agreements [M]. London: Sage Publications, International Educational and Professional Publisher, 1995.

[185] Rozin P, Royzman E B. Negativity bias, negativity dominance, and contagion [J]. Personality and Social Psychology Review, 2001, 5 (4): 296-320.

[186] Ruef M, Scott W R. A multidimensional model of organizational legitimacy: Hospital survival in charging institutional environments [J]. Adiministrative Science Quarterly, 1998, 43 (4): 877-904.

[187] Sako M. Does trust improve business performance? [A] // Lane C, Backmann R (Eds.). Trust Within and Between Organizations [C]. Oxford: Oxford University Press, 1998.

[188] Samaha S A, Palmatier R W, Dant R P. Poisoning relationships: Perceived unfairness in channels of distribution [J]. Journal of Marketing, 2011, 75

（3）：99-117.

［189］ Saunders M N K, Dietz G, Thornhill A. Trust and distrust: Polar opposites, or independent but co-existing? ［J］. Human Relations, 2014, 67 （6）: 639-665.

［190］ Scheer L K, Stern L W. The effect of influence type and performance outcomes on attitude toward the influencer ［J］. Journal of Marketing Research, 1992, 29 （1）: 128-142.

［191］ Schoorman F D, Mayer R C, Davis J H. An integrative model of organizational trust: Past, present, and future ［J］. Academy of Management Review, 2007, 32 （2）: 344-354.

［192］ Selnes F, Sallis J. Promoting relationship learning ［J］. Journal of Marketing, 2003, 67 （3）: 80-95.

［193］ Sitkin S B, George E. Managerial trust-building through the use of legitimating formal and informal control mechanisms ［J］. International Sociology, 2005, 20 （3）: 307-338.

［194］ Sitkin S B, Roth N L. Explaining the limited effectiveness of legalistic "Remedies" for trust/distrust ［J］. Organization Science, 1993, 4 （3）: 367-392.

［195］ Skarmeas D. The role of functional conflict in international buyer-seller relationships: Implications for industrial exporters ［J］. Industrial Marketing Management, 2006, 35 （5）: 567-575.

［196］ Slovic P. Perceived risk, trust, and democracy ［J］. Risk Analysis, 1993, 13 （6）: 675-682.

［197］ Smith J B, Barclay D W. The effects of organizational differences and trust on the effectiveness of selling partner relationships ［J］. Journal of Marketing, 1997, 61 （1）: 3-21.

［198］ Stern L W, Reve T. Distribution channels as political economies: A framework for comparative analysis ［J］. Journal of Marketing, 1980, 44 （3）: 52-64.

［199］ Stern L W. Antitrust implications of a sociological interpretation of competition, conflict, and cooperation in the marketplace ［J］. The Antitrust Bulletin, 1971 （16）: 509-530.

[200] Subramani M R, Venkatraman N. Safeguarding investments in asymmetric interorganizational relationships: Theory and evidence [J]. Academy of Management Journal, 2003, 46 (1): 46-62.

[201] Suchman M C. Managing legitimacy: Strategic and institutional approaches [J]. Academy of Management Review, 1995, 20 (3): 571-610.

[202] Tardy C H. A Handbook for the Study of Human Communication [M]. Norwood: Ablex Publishing, 1988.

[203] Telser L G. A theory of self-enforcing agreements [J]. Journal of Business, 1980, 53 (1): 27-44.

[204] Thibaut J W, Kelley H H. The Social Psychology of Groups [M]. New York: Wiley, 1959.

[205] Thomas T E. Are businesss students buying it? A theoretical framework for measuring attitudes toward the legitimacy of environmental sustainability [J]. Business Strategy and the Environment, 2005, 14 (3): 186-197.

[206] Tilling M V. Some thoughts on legitimacy theory in social and environmental accounting [J]. Social and Environmental Accountability Journal, 2004, 24 (2):3-7.

[207] Tost L P. An integrative model of legitimacy judgements [J]. Academy of Management Review, 2011, 36 (4): 686-710.

[208] Tyler T R. The psychology of legitimacy: A relational perspective on voluntary deference to authorities [J]. Personality and Social Psychology Review, 1997, 1 (4): 323-345.

[209] Uzzi B. Social structure and competition in interfirm networks: The paradox of embeddedness [J]. Administrative Science Quarterly, 1997, 42 (1): 35-67.

[210] Van de Walle S, Six F. Trust and distrust as distinct concepts: Why studying distrust in institutions is important [J]. Journal of Comparative Policy Analysis: Research and Practice, 2014, 16 (2): 158-174.

[211] Wang D T, Gu F F, Dong M C. Observer effects of punishment in a distribution network [J]. Journal of Marketing Research, 2013, 50 (5): 627-643.

[212] Wathne K H, Heide J B. Opportunism in interfirm relationships: Forms, outcomes, and solutions [J]. Journal of Marketing, 2000, 64 (4): 36-51.

［213］ Webb K L, Hogan J E. Hybrid channel conflict: Causes and effects on channel performance ［J］. Journal of Business and Industrial Marketing, 2002, 17 (5): 338-356.

［214］ Weber M. Economy and Society (Vols. Ⅰ and Ⅱ ed.) ［M］. Roth G, Wittich C (Eds.). Berkeley: University of California Press, 1978 (1922).

［215］ Weber U, Mummendey A, Waldzus S. Perceived legitimacy of intergroup status differences: Its prediction by relative ingroup prototypicaly ［J］. European Journal of Social Psychology, 2002, 32 (4): 449-470.

［216］ Weitz B A, Jap S D. Relationship marketing and distribution channels ［J］. Journal of the Academy of Marketing Science, 1995, 23 (4): 305-320.

［217］ Werhane P H. The role of self-interest in Adam Smith's Wealth of Nations ［J］. Journal of Philosophy, 1989, 86 (11): 669-680.

［218］ Williamson O E, Ouchi W G. The markets and hierarchies program of research: Origins, implications, prospects ［A］ // Van De Ven A H, Joyce W F (Eds.). Perspectives on Organization Design and Behavior ［C］. New York: John Wiley and Sons, Inc., 1981.

［219］ Williamson O E. Comparative economic organization: The analysis of discrete structural alternatives ［J］. Administrative Science Quarterly, 1991, 36 (2): 269-296.

［220］ Williamson O E. Markets and Hierarchies, Analysis and Antitrust Implications ［M］. New York: The Free Press, 1975.

［221］ Williamson O E. Opportunism and its critics ［J］. Managerial and Decision Economics, 1993, 14 (2): 97-107.

［222］ Williamson O E. The Economic Institutions of Capitalism: Firms, Markets, Relational Contracting ［M］. New York: The Free Press, 1985.

［223］ Williamson O E. The economics of governance ［J］. The American Economic Review, 1995, 95 (2): 1-18.

［224］ Williamson O E. Transaction cost economics: The natural progression ［J］. The American Economic Review, 2010, 100 (3): 673-690.

［225］ Williamson O E. Transaction-cost economics: The governance of contractual relations [J]. The Journal of Law and Economics, 1979, 22 (2): 233-261.

[226] Wrightsman L S. Interpersonal trust and attitudes toward human nature [A] // Robinson J P, Shaver P R, Wrightsman L S (Eds.). Measures of Personality and Social Psychological Attitudes [C]. San Diego: Academic Press, 1991: 373-412.

[227] Yang Z L, Su C T, Fam K S. Dealing with institutional distances in international marketing channels: Governance strategies that engender legitimacy and efficiency [J]. Journal of Marketing, 2012, 76 (3): 41-55.

[228] Zaheer A, Venkatraman N. Relational governance as an interorganizational strategy: An empirical test of the role of trust in economic exchange [J]. Strategic Management Journal, 1995, 16 (5): 373-392.

[229] Zhou N, Zhuang G J, Yip L S-C. Perceptual difference of dependence and its impact on conflict in marketing channels in China: An empirical study with two-sided data [J]. Industrial Marketing Management, 2007, 36 (3): 309-321.

[230] Zhuang G J, Zhou N. The relationship between power and dependence in marketing channels: A Chinese perspective [J]. European Journal of Marketing, 2004, 38 (5/6): 675-693.

[231] Zimmerman M A, Zeitz G J. Beyond survival: Achieving new venture growth by building legitimacy [J]. Academy of Management Review, 2002, 27 (3): 414-431.

[232] Zucker L G. Production of trust: Institutional sources of economic structure, 1840 to 1920 [A] // Cummings L L, Staw B M (Eds.). Research in Organizational Behavior [C]. Greenwich: JAI Press, 1986.

[233] 伯恩斯·A C，布什·R F. 营销调研 [M]. 陈静宇改编. 北京：机械工业出版社，2007.

[234] 蔡立辉. 西方国家政府绩效评估的理念及其目标 [J]. 清华大学学报（哲学社会科学版），2003，18 (1)：76-84.

[235] 陈艺妮. 中国消费者网络购物中信任与不信任的形成机理研究 [D]. 长春：吉林大学，2010.

[236] 费方域. 交易成本理论和委托代理理论之比较——威廉姆森交易成本

经济学述评之四 [J]. 外国经济与管理, 1996 (8)：8-12, 15.

[237] 符加林. 企业声誉效应对联盟伙伴机会主义行为约束研究 [D]. 杭州：浙江大学, 2007.

[238] 高维和, 吉莉. 相互依赖、服从和关系绩效——基于 CAM 和 CAD 行业渠道关系的实证研究. 商业经济与管理, 2015 (6)：38-49.

[239] 高维和. 中国企业渠道投机行为及其治理策略研究 [D]. 上海：上海交通大学, 2007.

[240] 赫拉利. 人类简史：从动物到上帝 [M]. 林俊宏, 译. 北京：中信出版社, 2014.

[241] 侯杰泰, 温忠麟, 成子娟. 结构方程模型及其应用 [M]. 北京：教育科学出版社, 2004.

[242] 胡保玲. 我国营销渠道中制造商权力运用研究 [D]. 济南：山东大学, 2007.

[243] 科兰·A T, 安德森·E, 斯特恩·L W, 埃尔-安萨里·A. 营销渠道 [M]. 蒋青云, 王彦雯, 顾浩东, 等, 译. 北京：中国人民大学出版社, 2008.

[244] 朗·D H. 权力论 [M]. 陆震纶, 郑明哲, 译. 北京：中国社会科学出版社, 2001.

[245] 李保东. 结构方程模型在组织认同研究中的应用 [M]. 北京：经济管理出版社, 2014.

[246] 李红菊, 许燕, 郭永玉. 中国大学生的人际信任-不信任：单因素还是双因素 [J]. 心理发展与教育, 2007 (3)：112-116.

[247] 李怀祖. 管理研究方法论 [M]. 西安：西安交通大学出版社, 2004.

[248] 李茂能. 图解 AMOS 在学术研究中的应用 [M]. 重庆：重庆大学出版社, 2011.

[249] 李新建, 黄敏学, 李小玲. 营销渠道如何无为而治：渠道政策的制度化机制研究 [J]. 营销科学学报, 2012, 8 (4)：1-17.

[250] 李玉刚, 童超. 企业合法性与竞争优势的关系：分析框架及研究进展 [J]. 外国经济与管理, 2015, 37 (3)：65-75.

[251] 刘宏宇. 勒温的社会心理学理论评述 [J]. 社会心理科学, 1998 (1)：57-61.

[252] 米子川. 并发多样本滚雪球抽样的捕获再捕获估计 [J]. 统计研究, 2015, 32 (6): 99-104.

[253] 庞皓. 计量经济学 [M]. 北京: 科学出版社, 2010.

[254] 钱丽萍, 任星耀. 厂家控制机制、经销商态度行为与渠道绩效的关系研究——基于4S店的实证分析 [J]. 管理评论, 2010, 22 (8): 57-67.

[255] 任星耀, 廖隽安, 钱丽萍. 相互依赖不对称总是降低关系质量吗? [J]. 管理世界, 2009 (12): 92-105.

[256] 史密斯·K G, 希特·M A. 管理学中的伟大思想: 经典理论的开发历程 [M]. 徐飞, 路琳, 译. 北京: 北京大学出版社, 2010: 369.

[257] 寿志钢, 苏晨汀, 周晨. 商业圈子中的信任与机会主义行为 [J]. 经济管理, 2007 (11): 66-70.

[258] 田志龙, 程鹏番, 杨文, 柳娟. 企业社区参与过程中的合法性形成与演化: 百步亭与万科案例 [J]. 管理世界, 2014 (12): 134-151, 188.

[259] 吴明隆. 结构方程模型——AMOS的操作与运用 [M]. 重庆: 重庆大学出版社, 2010.

[260] 熊会兵, 肖文韬, 邓新明. 企业政治战略与经济绩效: 基于合法性视角 [J]. 中国工业经济, 2010 (10): 138-147.

[261] 徐二明, 张欣. 战略联盟中的机会主义行为抑制因素研究 [J]. 兰州学刊, 2008 (4): 53-55, 61.

[262] 徐健, 张闯, 夏春玉. 农户人际关系网络结构、企业权力应用方式与农户违约倾向 [C]. 2011年产业组织前沿问题国际研讨会会议文集, 2011.

[263] 严中华, 李斌宁, 米加宁, 毛创奇, 鄢平. 在线购买信任、不信任与控制关系整合模式的中国实证研究 [J]. 技术经济与管理研究, 2008 (3): 100-103.

[264] 杨宜音. "自己人": 信任建构过程的个案研究 [J]. 社会学研究, 1999 (2): 40-54.

[265] 杨卓尔, 高山行, 曾楠. 战略柔性对探索性创新与应用性创新的影响——环境不确定性的调节作用 [J]. 科研管理, 2016, 37 (1): 1-10.

[266] 张剑渝. 营销渠道——关系视角下的解读 [M]. 成都: 西南财经大学出版社, 2005.

［267］张涛，庄贵军，季刚．IT 能力对营销渠道中关系型治理的影响：一条抑制渠道投机行为的新途径？［J］．管理世界，2010（7）：119-129，187-188.

［268］郑也夫．信任的简化功能［J］．北京社会科学，2000（3）：113-120.

［269］周南．要钱还是要命——道德经的启示［M］．北京：北京大学出版社，2012.

［270］庄贵军．关系在中国的文化内涵：管理学者的视角［J］．当代经济科学，2012，34（1）：18-29，45.

附录一

调查问卷

尊敬的先生/女士：

　　您好！

　　首先非常感谢您参与我们的此项研究调查。

　　本研究由西南财经大学工商管理学院的研究人员发起，目的在于了解经销商对其供应商及其营销渠道绩效的看法和评价，以期为我国营销渠道的健康发展提供一些建议。

　　本问卷并没有标准答案，请您根据实际情况填写。此份问卷仅供学术研究之用，我们承诺将对您所填答的所有内容严格保密，且不作任何商业用途，敬请安心作答。

　　再次感谢您的参与！

西南财经大学工商管理学院

敬请注意：

以下所有问题中的"该厂商"都指的是贵公司的主要供应商，即贵公司产品的唯一供应商或者大多数产品的供应商，请您先回忆并确认"该厂商"的身份（但不必告诉我们），再回答以下题目，谢谢！

第一部分　基本信息

1. 请问贵公司成立于哪一年？（请填写年份，如 1949） _____年

2. 请问贵公司主要销售的商品是（单选）：

　　□电子数码产品　　　　　　□食品/饮料/酒

　　□化妆品　　　　　　　　　□服装/纺织/皮革

　　□家具/工艺品/玩具　　　　□家电

　　□汽车及零配件　　　　　　□办公用品及设备

　　□药品/医疗设备/器械　　　□农/林/渔产品

　　□日用百货

　　□其他，请说明_____

3. 请问贵公司是从哪一年开始与该厂商合作的？（请填写年份，如 1949）

　　　　　　　　　　　　　　　　　　　　　　_____年

4. 请问贵公司有多少位员工？

　　□50 人及以下　　　□51~100 人　　　□101~150 人

　　□151~200 人　　　□201 人以上

　　　从这里开始，我们将会在页面左边列出若干语句，请您根据自身对每一语句的同意程度选择从 1 到 5 的数字，其中，1 代表完全不同意，5 代表完全同意。

第二部分

1. 以下调查要了解与该厂商合作为贵公司带来的利益：

	完全不同意				完全同意
（1）该厂商为我们带来了更多的顾客	1	2	3	4	5
（2）该厂商为我们带来了高质量的销售支持	1	2	3	4	5
（3）因为该厂商的缘故，我们在竞争中更占据优势	1	2	3	4	5
（4）因为该厂商的缘故，我们能更容易地获得贷款	1	2	3	4	5
（5）因为该厂商的缘故，我们抵御市场风险的能力提高了	1	2	3	4	5
（6）总的来说，该厂商及其行为对我们来说是有利可图的	1	2	3	4	5

2. 以下调查要了解该厂商对待贵公司的方式：

	完全不同意				完全同意
（1）该厂商制定了许多规则和程序，并强制要求我们严格遵守	1	2	3	4	5
（2）该厂商一手操办了合同条款设计，并强制要求我们接受	1	2	3	4	5
（3）生意上的很多事我们都不能自己做主，必须要请示该厂商	1	2	3	4	5
（4）在生意上，即使是非常小的事情我们也得报告到该厂商处由他们决定	1	2	3	4	5
（5）我感觉该厂商总是试图控制和监管我们，看我们有没有按他们规定的做	1	2	3	4	5
（6）我感觉我们几乎没有自由	1	2	3	4	5

3. 以下调查要了解贵公司对该厂商的合作行为意向：

	完全不同意				完全同意
（1）在生意上，只要是该厂商想让我们做的事，我们都非常愿意去配合	1	2	3	4	5
（2）当该厂商要求我们做出什么改变时，我们都会根据他的要求尽力去改	1	2	3	4	5
（3）该厂商提出的建议我们都会遵照执行	1	2	3	4	5
（4）我们会努力去达到该厂商的要求	1	2	3	4	5
（5）当然，为了自己的利益，我们有时也会欺骗该厂商	1	2	3	4	5
（6）我们不会把自己的行为都如实地告诉该厂商	1	2	3	4	5
（7）实际上，我们在背地里不会完全按照合同行事	1	2	3	4	5
（8）我们有时会夸张或隐瞒部分事实，以便从该厂商那里得到我们想要的	1	2	3	4	5

4. 以下调查要了解您对该厂商的看法：

	完全不同意				完全同意
（1）我认为该厂商会带着我们走向更美好的合作未来	1	2	3	4	5
（2）我们对该厂商的行为有极高的正面期待	1	2	3	4	5
（3）我们愿意相信该厂商的承诺，即使这是有风险的	1	2	3	4	5
（4）我们可以很放心地和这个厂商做生意	1	2	3	4	5
（5）这个厂商是诚实可靠的	1	2	3	4	5
（6）我认为该厂商做决定时不会考虑到我们的得失	1	2	3	4	5
（7）我认为该厂商只考虑他自己利益的最大化	1	2	3	4	5
（8）我认为会有那么一天，为了他自己的利益，该厂商可能会做一些损害我们利益的事情	1	2	3	4	5
（9）和该厂商做生意需要时刻保持警惕	1	2	3	4	5
（10）我认为该厂商是自私霸道的	1	2	3	4	5

第三部分

1. 在销售该厂商的商品时，贵公司销售额的情况是：
   □非常差　　　□差　　　□一般　　　□好　　　□非常好
2. 在销售该厂商的商品时，贵公司利润增长的情况是：
   □非常差　　　□差　　　□一般　　　□好　　　□非常好
3. 在销售该厂商的商品时，贵公司整体盈利能力的情况是：
   □非常差　　　□差　　　□一般　　　□好　　　□非常好
4. 如果让您给贵公司和该厂商过去一年的合作结果评分，您觉得应该是：
   □非常差　　　□差　　　□一般　　　□好　　　□非常好
5. 总的来说，您认为贵公司和该厂商的整体合作结果怎样？
   □非常差　　　□差　　　□一般　　　□好　　　□非常好

第四部分　这是本问卷的最后一部分

1. 以下调查要了解贵公司与该厂商之间的相互依赖程度：

	完全不同意				完全同意
（1）我们很依赖该厂商	1	2	3	4	5
（2）我们很难找到一个新的厂商来取代他们	1	2	3	4	5
（3）假如哪天该厂商终止了与我们的合作，我们会遭受非常严重的损失	1	2	3	4	5
（4）假如哪天该厂商终止了与我们的合作，我们需要花很多成本才能找到一个新的厂商	1	2	3	4	5
（5）该厂商很依赖我们	1	2	3	4	5
（6）该厂商很难找到一个新的经销商来取代我们	1	2	3	4	5
（7）假如哪天我们终止了与该厂商的合作，那么该厂商在本地的销售就会受到很大影响	1	2	3	4	5
（8）假如哪天我们终止了与该厂商的合作，那么该厂商在本地的声誉就会受到很大影响	1	2	3	4	5

2. 以下调查要了解您对所在行业的看法：

	完全不同意				完全同意
（1）该行业中顾客需求变化很快	1	2	3	4	5
（2）市场上现有产品的过时速度越来越快	1	2	3	4	5
（3）行业内技术变革的速度非常快	1	2	3	4	5
（4）市场竞争状况难以预测	1	2	3	4	5
（5）同行业内的竞争越来越激烈	1	2	3	4	5

3. 请问您在本公司的职务是：

□总经理　　　　　□部门负责人　　　　　□业务员

□其他，请说明＿＿＿＿＿＿＿＿＿＿＿＿＿＿＿＿＿＿＿＿

问卷到此结束，再次感谢您的热心参与！

附录二

文中所使用的公式汇总

1. 组合信度公式

组合信度 = ($\sum$ 因素负荷量)^2／〔($\sum$ 因素负荷量)^2 + $\sum$ 测量误差变异量〕

测量误差变异量 = 1-因素负荷量^2

公式出处：吴明隆. 结构方程模型——AMOS 的操作与运用〔M〕. 重庆：重庆大学出版社，2010：55.

2. 平均方差抽取量

平均方差抽取量 = ($\sum$ 因素负荷量)^2／〔($\sum$ 因素负荷量)^2 + $\sum$ 测量误差变异量〕测量误差变异量 = 1 - 因素负荷量^2

公式出处：吴明隆. 结构方程模型——AMOS 的操作与运用〔M〕. 重庆：重庆大学出版社，2010：55.

3. 同一样本中回归系数差异比较 t 检验公式

$$t = \frac{\beta_i - \beta_j}{SE_{\beta_i - \beta_j}} \qquad df = n-k-1$$

其中，$SE_{\beta_i - \beta_j} = \sqrt{\dfrac{1-R_y^2}{n-k-1} \ (r^{ii} + r^{jj} - 2r^{ij})}$

公式出处：Cohen J，Cohen P，West S G，Aiken L S. Applied Multiple Regression／Correlation Analysis for the Behavioral Sciences 3rd ed.〔M〕. New Jersey：Lawrence Erlbaum Associates Publishers，2003：640.